Album de Tricot

par M.me L. F.***

Lith. des 4 Frères SAPENE, rue S.t Martin, 104. Paris.

1847

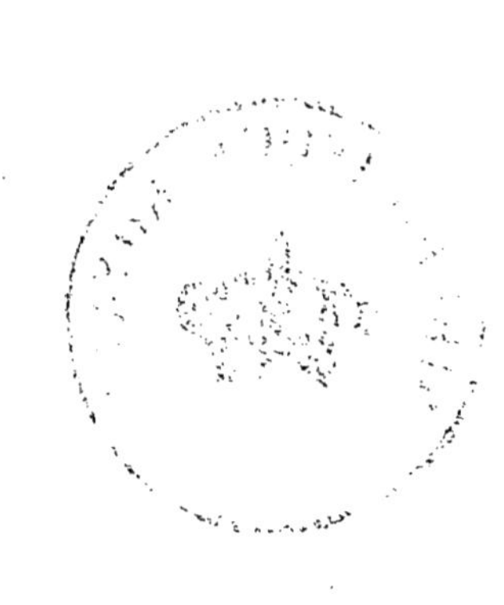

Explication :

1 jetée	Passer le fil endessus l'aiguille.
2 jetées	Passer le fil 2 fois autour de l'aiguille.
1 rétrécie	Tricoter 2 mailles ensemble.
1 jetée, 1 rétrécie-surjetée	Prendre une maille sans la tricoter, tricoter la maille suivante, jeter la maille qui n'est pas tricotée sur celle tricotée.

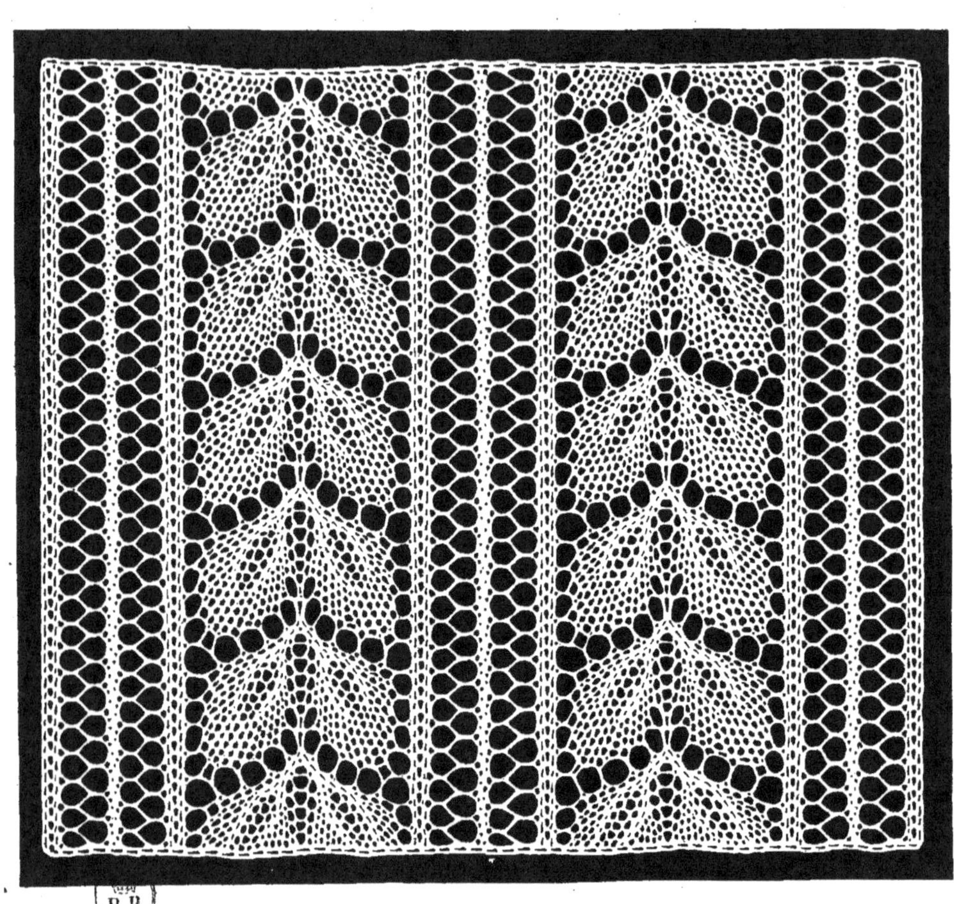

Tricot branchage.

Tricot à branchage, 35 mailles pour 3 rangées.

2 de jours et 1 de branchage.

1er Tour.

* 2 mailles unies, 1 jetée 1 rétrécie, 1 maille unie, 1 jetée 1 rétrécie, 1 unie, 1 jetée 2 unies, 1 rétrécie, 1 à l'envers, 1 rétrécie, 2 unies, 2 jetées 1 à l'envers, laissez le fil sur l'aiguille, 2 unies, 1 rétrécie, 1 à l'envers, 1 rétrécie, 2 unies, 1 jetée 1 unie *. (Retournez au signe.)

2ème Tour.

* 2 mailles unies, 1 jetée 1 rétrécie, 1 unie, 1 jetée 1 rétrécie, 5 à l'envers, 1 à l'endroit, 4 à l'envers, 1 à l'endroit, 4 à l'envers, 1 à l'endroit, 5 à l'envers *. (Retournez au signe.)

3ème Tour.

* 2 mailles unies, 1 jetée 1 rétrécie, 1 unie, 1 jetée 1 rétrécie, 1 unie, 1 jetée 1 unie, 1 jetée 1 unie, 1 rétrécie, 1 à l'envers, 1 rétrécie, 1 rétrécie, 1 à l'envers, 1 rétrécie, 1 rétrécie, 1 à l'envers, 1 rétrécie, 1 unie, 1 jetée 1 unie, 1 jetée 1 unie *. (Retournez au signe.)

4ème Tour.

* 2 mailles unies, 1 jetée 1 rétrécie, 1 unie, 1 jetée 1 rétrécie, 6 à l'envers, 1 à l'endroit, 2 à l'envers, 1 à l'endroit, 2 à l'envers, 1 à l'endroit, 6 à l'envers *. (Retournez au signe.)

5ème Tour.

* 2 mailles unies, 1 jetée 1 rétrécie, 1 unie, 1 jetée 1 rétrécie, 1 unie, 1 jetée 3 unies, 1 jetée 1 rétrécie, 1 à l'envers, 1 rétrécie, 1 à l'envers, 1 rétrécie, 1 à l'envers, 1 rétrécie, 1 jetée 3 unies, 1 jetée 1 unie *. (Retournez au signe.)

6ème Tour.

* 2 mailles unies, 1 jetée 1 rétrécie, 1 unie, 1 jetée 1 rétrécie, 7 à l'envers, 1 à l'endroit, 1 à l'envers, 1 à l'endroit, 1 à l'envers, 1 à l'endroit, 7 à l'envers *. (Retournez au signe.)

7ème Tour.

* 2 mailles unies, 1 jetée 1 rétrécie, 1 unie, 1 jetée 1 rétrécie, 1 unie, 1 jetée 5 unies, 1 jetée 3 mailles ensemble, 1 à l'envers, 3 mailles ensemble, 1 jetée 5 unies, 1 jetée 1 unie *. (Retournez au signe.)

8ème Tour.

2 mailles unies, 1 jetée 1 rétrécie, 1 unie, 1 jetée 1 rétrécie, 9 à l'envers, 1 à l'endroit, 9 à l'envers (Retournez au signe.)

9ème Tour.

2 mailles unies, 1 jetée 1 rétrécie, 1 unie, 1 jetée 1 rétrécie, 1 unie, 1 jetée 7 unies, 1 jetée 3 mailles ensemble, 1 jetée 7 unies, 1 jetée 1 unie (Retournez au signe.)

10ème Tour.

2 mailles unies, 1 jetée 1 rétrécie, 1 unie, 1 jetée 1 rétrécie, 10 à l'envers, 1 à l'endroit, 10 à l'envers (Retournez au signe.)

Le 10e tour fini il faut recommencer par le 1er tour.

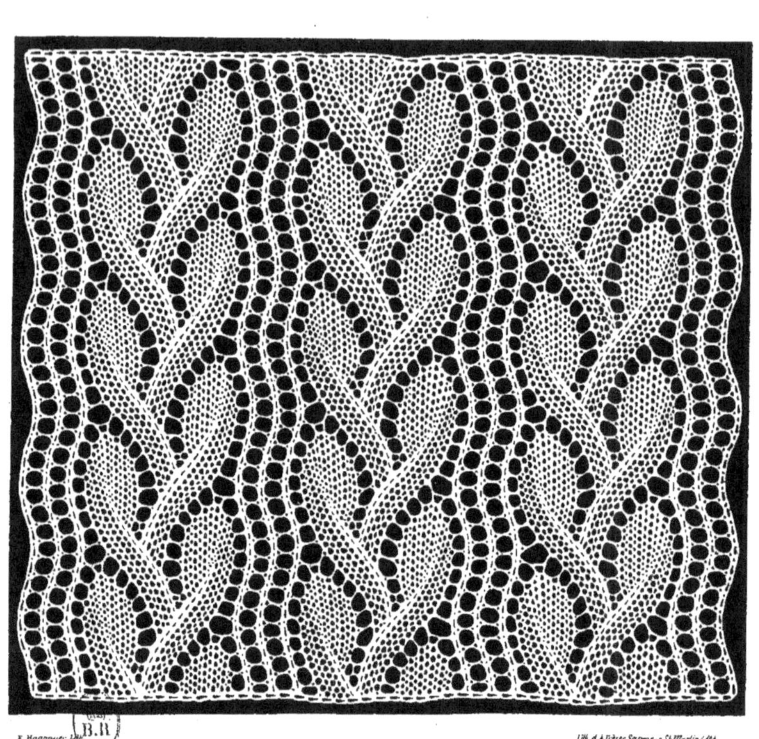

E. Hagnauer Lith. Lith. d. † Frères Sapene, r. St Martin, 104.

Tricot racine.

Tricot racine, 27 mailles pour faire 3 rangées.

2 de jours et une de racines.

1er Tour.

1 jetée 1 rétrécie, 1 jetée 1 rétrécie, 1 jetée 1 rétrécie, *1 jetée 2 unies, 1 rétrécie 6 unies, 1 rétrécie 2 unies, 1 jetée 1 unie, 1 jetée 1 rétrécie 3 fois de suite* (Retournez au signe)

2ème Tour, tout à l'envers.

3ème Tour.

1 jetée 1 rétrécie 4 fois de suite* 1 unie, 1 rétrécie, 4 unies, 1 rétrécie, 2 unies, 1 jetée 3 unies, 1 jetée 1 unie, 1 jetée 1 rétrécie 3 fois de suite* (Retournez au signe) finissez par 1 jetée 1 rétrécie 2 fois de suite.

4ème Tour, tout à l'envers.

5ème Tour.

1 jetée 1 rétrécie 4 fois de suite* 1 unie, 1 rétrécie, 2 unies 1 rétrécie, 2 unies, 1 jetée 5 unies 1 jetée 1 unie, 1 jetée 1 rétrécie 3 fois de suite* (Retournez au signe.) finissez par 1 jetée 1 rétrécie 2 fois de suite.

6ème Tour, tout à l'envers.

7ème Tour.

1 jetée 1 rétrécie 4 fois de suite, *1 unie, 1 rétrécie, 1 rétrécie, 2 unies, 1 jetée 7 unies, 1 jetée 1 unie, 1 jetée 3 fois de suite* (Retournez au signe)

8ème Tour, tout à l'envers.

9ème Tour.

1 jetée 1 rétrécie, 3 fois de suite, *1 jetée 1 unie, 1 jetée 2 unies, 1 rétrécie, 6 unies, 1 rétrécie, 2 unies, 1 jetée 1 rétrécie 3 fois de suite* (Retourner au signe.)

10ème Tour, tout à l'envers.

11ème Tour.

1 jetée 1 rétrécie 3 fois de suite, *1 jetée 3 unies, 1 jetée 2 unies, 1 rétrécie, 4 unies, 1 rétrécie 2 unies, 1 jetée 1 rétrécie 3 fois de suite* (Retourner au signe.)

12ème Tour, tout à l'envers.

13ème Tour.

1 jetée 1 rétrécie 3 fois de suite, *1 jetée 5 unies, 1 jetée 2 unies, rétrécies, 2 unies, 1 rétrécie, 2 unies, 1 jetée 1 rétrécie 3 fois de suite* (Retournez au signe)

14ème Tour, tout à l'envers.

15ème Tour.

1 jeté 1 rétrécie 3 fois de suite,* 1 jeté 7 unies, 1 jeté 2 unies, 1 rétrécie, 1 rétrécie 2 unies, 1 jeté 1 rétrécie 3 fois de suite* (Retournez au signe).

16ème Tour, tout à l'envers.

17ème Tour.

1 jeté 1 rétrécie 4 fois de suite,* 1 unie 1 rétrécie, 6 unies 1 rétrécie 2 unies, 1 jeté 1 unie, 1 jeté 1 unie, 1 jeté 1 rétrécie 3 fois de suite* (Retournez au signe) finissez par 1 jeté 1 rétrécie 2 fois de suite.

18ème Tour, tout à l'envers.

Le 18e Tour fini il faut recommencer par le 3e, le 1er et le 2e ne doivent se faire que pour commencer.

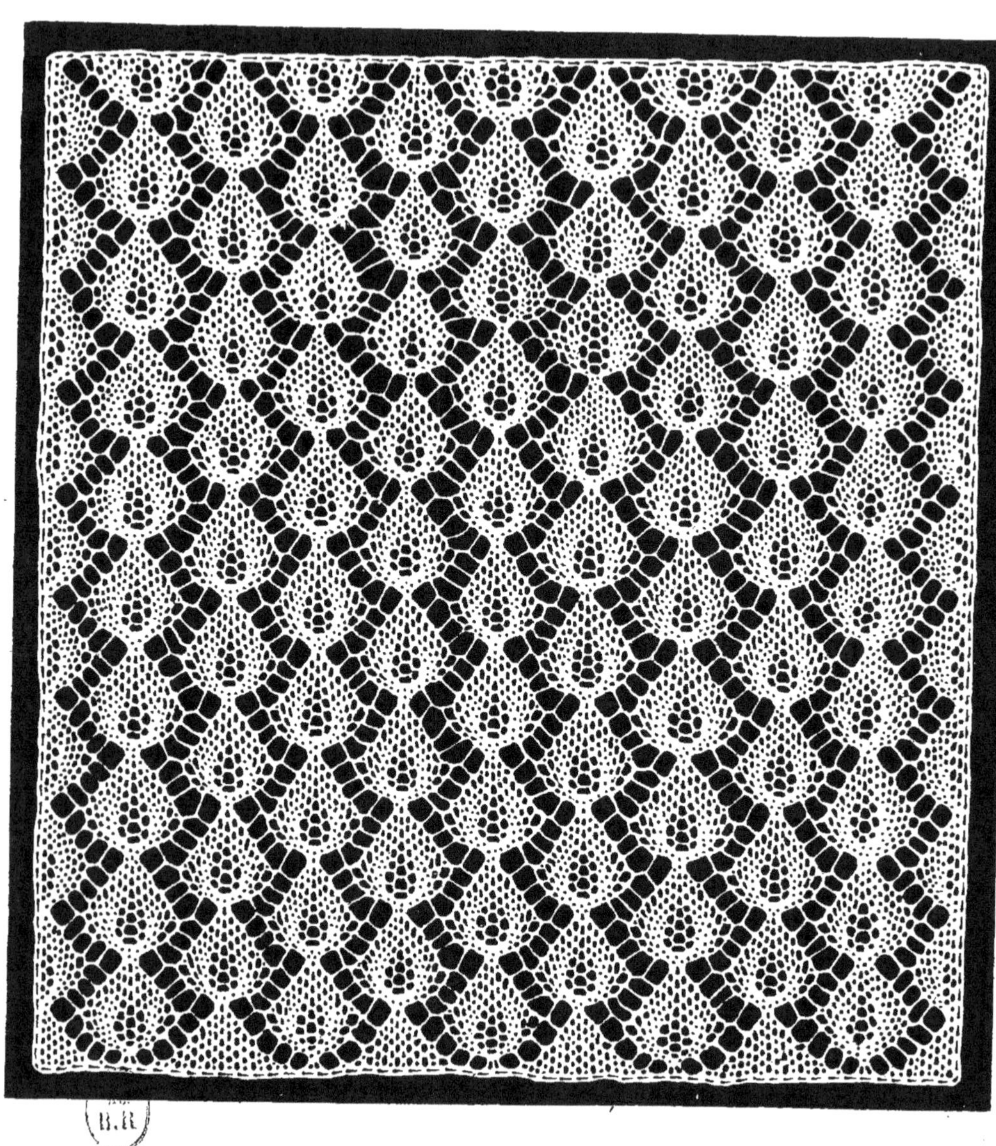

Tricot feuille de rose.

Tricot à feuille de rose.

Montez le nombre de mailles divisé par 12 puis 3 pour les 2 lisières.

1er Tour, à l'endroit.

1 Maille unie,* 1 à l'envers, 1 rétrécie, 3 unies, 1 jetée 1 unie, 1 jetée 3 unies, 1 rétrécie* (Retournez au signe.) finissez l'aiguille par 1 jetée 3 unies; 1 rétrécie 1 à l'envers, 1 unie.

2ème Tour, à l'envers.

1 Maille unie à l'envers,* 1 à l'endroit, 1 rétrécie, 2 unies, 1 jetée 3 unies, 1 jetée 2 unies, 1 rétrécie* (Retournez au signe.) finissez par 1 jetée 2 unies 1 rétrécie, 1 à l'endroit, 1 unie.

3ème Tour, à l'endroit.

1 Maille à l'endroit,* 1 à l'envers, 1 rétrécie, 1 unie, 1 jetée 5 unies, 1 jetée 1 unie, 1 rétrécie* (Retournez au signe.) finissez par 1 jetée 1 unie 1 rétrécie, 1 à l'envers, 1 unie.

4ème Tour, à l'envers.

1 Maille à l'envers* 1 à l'endroit, 1 rétrécie, 1 jetée 7 unies, 1 jetée 1 rétrécie* (Retournez au signe.) finissez par 1 jetée 1 rétrécie, 1 à l'endroit, 1 à l'envers.

5ème Tour, à l'endroit.

Mettez le coton en dessus l'aiguille, prenez la 1ère maille sans la tricoter, 1 rétrécie, jetez la maille qui n'est pas tricotée sur la rétrécie, 1 jetée 9 unies. (Retournez au signe.)

6ème Tour à l'envers.

1 jetée 2 mailles unies,* 1 jetée 2 unies, 1 rétrécie, 1 à l'endroit, 1 rétrécie, 2 unies, 1 jetée 3 unies* (Retournez au signe.) finissez par 1 jetée 3 unies.

7ème Tour, à l'endroit.

4 mailles unies,* 1 jetée 1 unie, 1 rétrécie 1 à l'envers, 1 rétrécie 1 unie, 1 jetée 5 unies* (Retournez au signe) finissez par 1 jetée 4 unies.

8ème Tour, à l'envers.

5 mailles unies,* 1 jetée 1 rétrécie, 1 à l'endroit 1 rétrécie 1 jetée 7 unies,* (Retournez au signe.) finissez par 1 jetée 5 unies.

9ème Tour, à l'endroit.

6 mailles unies, * 1 jetée prenez une maille sans la tricoter, 1 rétrécie, jetez celle qui n'est pas tricotée sur celle rétrécie, 1 jetée 9 unies, * (Retourner au signe.) finissez par 1 jetée 6 unies.

Le neuvième tour fini, il faut recommancer par le 2ème, le 1er ne doit se faire que pour commencer.

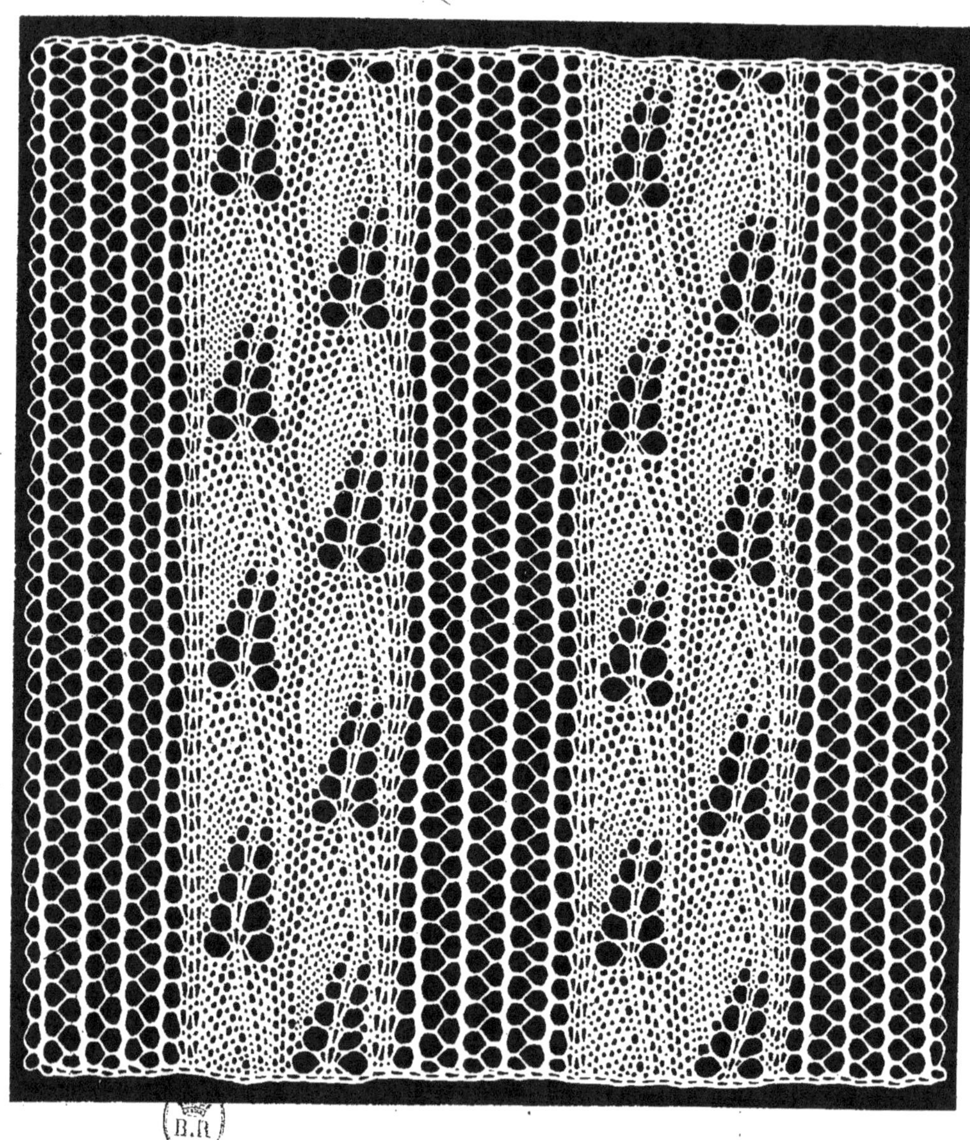

E. Hagnauer lith. Lith. d. 4 Frères Sapene, r. St Martin, 104.

Tricot Epis d'Orge.

Tricot à épi d'orge, 29 mailles pour 2 rangées de jours et 1 rangée d'épis.

1ère Aiguille à l'endroit.

* 1 jetée 1 rétrécie, à l'envers 3 fois de suite.
2 mailles à l'envers, laissez le fil sur l'aiguille, 3 mailles ensemble 2 jetées, 2 à l'envers, 1 unie, 1 rétrécie surjetée, 5 unies, 2 à l'envers* (Retournez au signe.)

2ème Tour à l'envers.

* 1 jetée 1 rétrécie à l'envers 3 fois de suite.
2 à l'endroit, 7 à l'envers, 2 à l'endroit, 3 à l'envers, 2 à l'endroit* (Retournez au signe.)

3ème Tour à l'endroit.

* 1 jetée 1 rétrécie à l'envers 3 fois de suite.
2 à l'envers, 1 unie 1 jetée, 1 unie, 1 jetée, 1 unie 2 à l'envers, 1 unie, 1 rétrécie surjetée, 4 unies, 2 à l'envers* (Retournez au signe.)

4ème Tour à l'envers.

* 1 jetée 1 rétrécie à l'envers 3 fois de suite.
2 à l'endroit, 6 à l'envers, 2 à l'endroit, 5 à l'envers, 2 à l'endroit* (Retournez au signe.)

5ème Tour à l'endroit.

* 1 jetée 1 rétrécie à l'envers 3 fois de suite.
2 à l'envers, 1 rétrécie, 1 jetée 1 unie, 1 jetée 2 unies, 2 à l'envers, 1 unie, 1 rétrécie surjetée, 3 unies, 2 à l'envers* (Retournez au signe.)

6ème Tour à l'envers.

* 1 jetée 1 rétrécie à l'envers 3 fois de suite.
2 à l'endroit, 5 à l'envers, 2 à l'endroit, 6 à l'envers 2 à l'endroit* (Retournez au signe.)

7ème Tour à l'endroit.

* 1 jetée 1 rétrécie à l'envers 3 fois de suite.
2 à l'envers, 1 rétrécie, 1 jetée 1 unie, 1 jetée 3 unies, 2 à l'envers, 1 unie, 1 rétrécie, surjetée, 2 unies, 2 à l'envers* (Retournez au signe.)

8ème Tour à l'envers.

* 1 jetée 1 rétrécie à l'envers 3 fois de suite.
2 à l'endroit, 4 à l'envers, 2 à l'endroit, 7 à l'envers, 2 à l'endroit* (Retournez au signe.)

9ème Tour à l'endroit.

* 1 jetée 1 rétrécie à l'envers 3 fois de suite.
2 à l'envers 1 rétrécie, 1 jetée 1 unie, 1 jetée 4 unies, 2 à l'envers, 1 unie
1 rétrécie surjetée, 1 unie, 2 à l'envers * (Retournez au signe.)

10ème Tour à l'envers.

* 1 jetée 1 rétrécie à l'envers 3 fois de suite.
2 à l'endroit, 3 à l'envers, 2 à l'endroit, 8 à l'envers, 2 à l'endroit * (Retournez au signe.)

11ème Tour à l'endroit.

* 1 jetée 1 rétrécie à l'envers 3 fois de suite.
2 à l'envers, 1 unie, 1 rétrécie, 5 unies, 2 à l'envers, laissez le fil sur l'aiguille, prenez la 1ère maille sans la tricoter, 1 rétrécie, jetez la 1ère maille sur celle rétrécie, 2 jetées 2 à l'envers * (Retournez au signe.)

12ème Tour à l'envers.

* 1 jetée 1 rétrécie à l'envers 3 fois de suite.
2 à l'endroit, 3 à l'envers, 2 à l'endroit, 7 à l'envers, 2 à l'endroit * (Retournez au signe.)

13ème Tour à l'endroit.

1 jetée 1 rétrécie à l'envers 3 fois de suite.
2 à l'envers, 1 unie 1 rétrécie, 4 unies, 2 à l'envers, 1 unie, 1 jetée 1 unie, 1 jetée 1 unie, 2 à l'envers * (Retournez au signe.)

14ème Tour à l'envers.

* 1 jetée 1 rétrécie à l'envers 3 fois de suite.
2 à l'endroit, 5 à l'envers, 2 à l'endroit, 6 à l'envers, 2 à l'endroit * (Retournez au signe.)

15ème Tour à l'endroit.

* 1 jetée 1 rétrécie à l'envers 3 fois de suite.
2 à l'envers, 1 unie, 1 rétrécie, 3 unies, 2 à l'envers, 1 rétrécie, 1 jetée 1 unie, 1 jetée, 2 unies, 2 à l'envers * (Retournez au signe.)

16ème Tour à l'envers.

1 jetée 1 rétrécie à l'envers 3 fois de suite.
2 à l'endroit, 6 à l'envers, 2 à l'endroit, 5 à l'envers, 2 à l'endroit, * (Retournez au signe.)

17ème Tour, à l'endroit.

*1 jetée, 1 rétrécie à l'envers 3 fois de suite.
2 à l'envers, 1 unie, 1 rétrécie, 2 unies, 2 à l'envers, 1 rétrécie, 1 jetée, 1 unie, 1 jetée 3 unies, 2 à l'envers* (Retournez au signe)

18ème Tour à l'envers.

*1 jetée 1 rétrécie à l'envers 3 fois de suite.
2 à l'endroit, 7 à l'envers, 2 à l'endroit, 4 à l'envers, 2 à l'endroit* (Retournez au signe)

19ème Tour, à l'endroit.

*1 jetée 1 rétrécie à l'envers 3 fois de suite.
2 à l'envers, 1 unie, 1 rétrécie, 1 unie, 2 à l'envers, 1 rétrécie, 1 jetée, 1 unie, 1 jetée 4 unies, 2 à l'envers* (Retournez au signe)

20ème Tour, à l'envers.

*1 jetée 1 rétrécie à l'envers 3 fois de suite.
2 à l'endroit, 8 à l'envers, 2 à l'endroit, 3 à l'envers, 2 à l'endroit*
(Retournez au signe)

Recommencez par le tour.

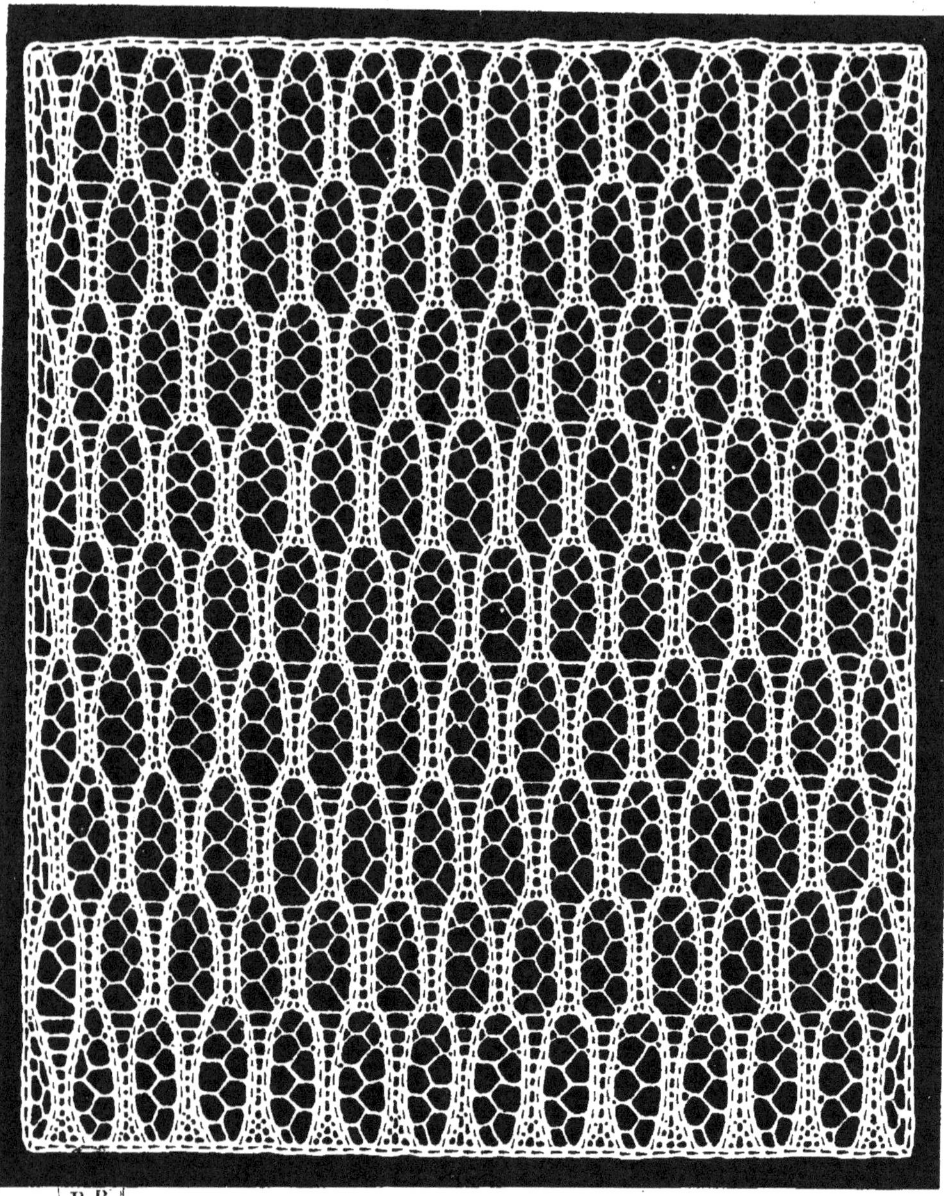

Tricot de Berlin.

Tricot de Berlin.

Montez le nombre de mailles divisé par 4.

1er Tour, à l'endroit.

* 2 mailles unies à l'endroit, 1 jetée 1 rétrécie à l'endroit * (Retournez au signe.) finissez l'aiguille par 1 jetée 1 rétrécie.

2ème Tour à l'envers.

* 2 mailles unies à l'envers, 1 jetée 1 rétrécie à l'envers * (Retournez au signe.) finissez l'aiguille par 1 jetée 1 rétrécie à l'envers.
faites 8 tours de même, 4 à l'endroit et 4 à l'envers.

9ème Tour à l'endroit.

4 mailles unies à l'endroit, * 1 jetée 1 rétrécie à l'endroit, 2 unies à l'endroit * (Retournez au signe) finissez l'aiguille par 1 jetée 1 rétrécie 2 unies.

10ème Tour à l'envers.

4 mailles unies à l'envers, * 1 jetée 1 rétrécie à l'envers, 2 unies à l'envers * (Retournez au signe.) finissez l'aiguille par 1 jetée 1 rétrécie à l'envers, 2 unies à l'envers, faites 8 tours de même, 4 à l'endroit et 4 à l'envers.

Puis recommencez par le 1er tour.

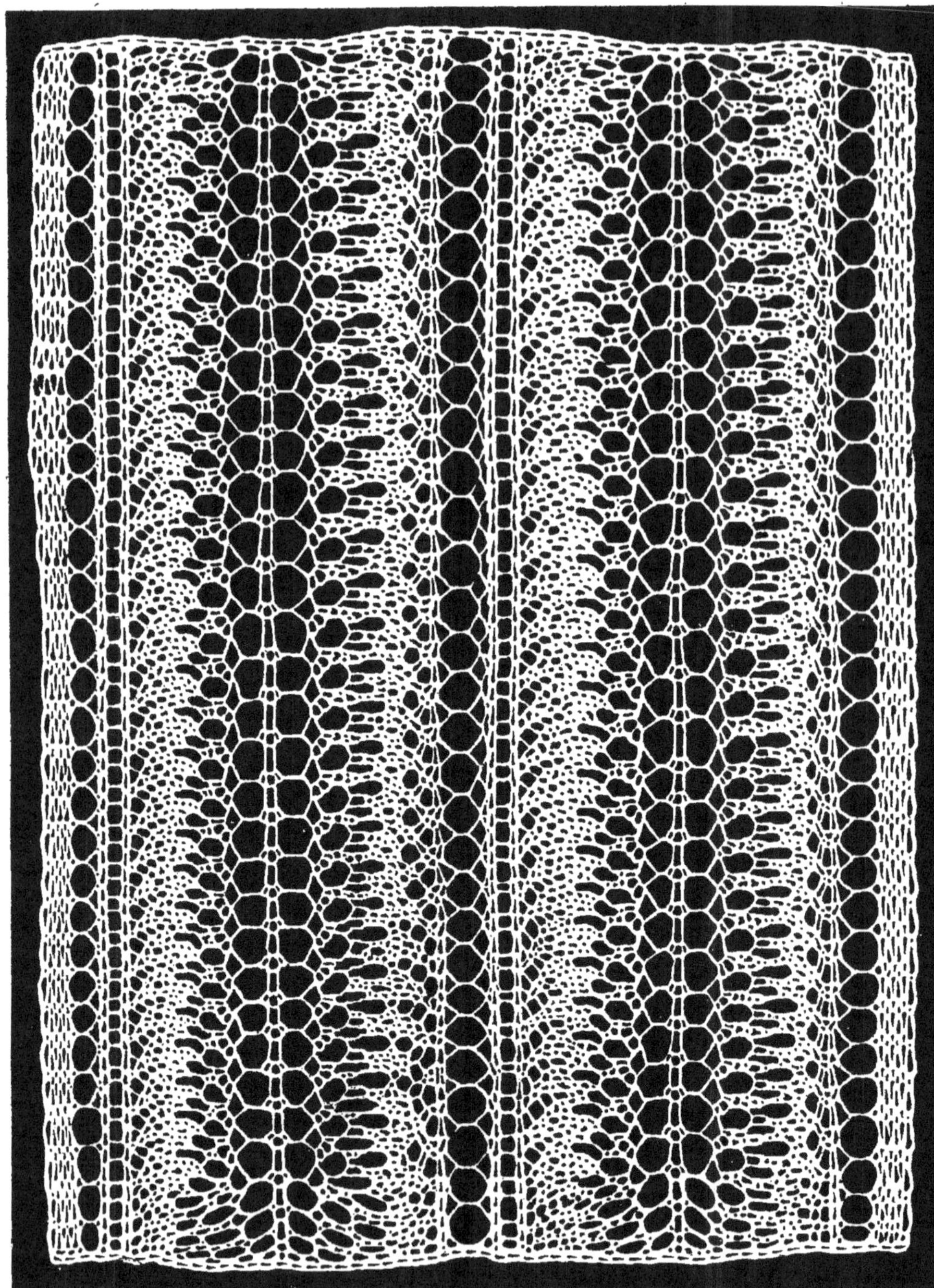

E. Hagnauer Lith.

Lith. d. 4 Frères Sapene, r. St Martin, 104.

Tricot queue de Paon.

Tricot à queue de paon.

Divisez le nombre de mailles par 26 et 1 pour chaque lisière.

1er Tour à l'endroit.

1 maille unie, 1 jetée 1 rétrécie à l'endroit,* 1 jetée 4 rétrécies à l'envers, passez le fil sur l'aiguille avant 8 mailles que vous tricoterez à l'endroit, 1 jetée 4 rétrécies à l'envers, laissez le fil sur l'aiguille, 1 rétrécie à l'endroit,* (Retournez au signe) finissez l'aiguille par 4 rétrécies à l'envers, laissez le fil sur l'aiguille, 1 rétrécie à l'endroit, 1 unie.

2ème Tour.

Tricotez toutes les mailles à l'envers.

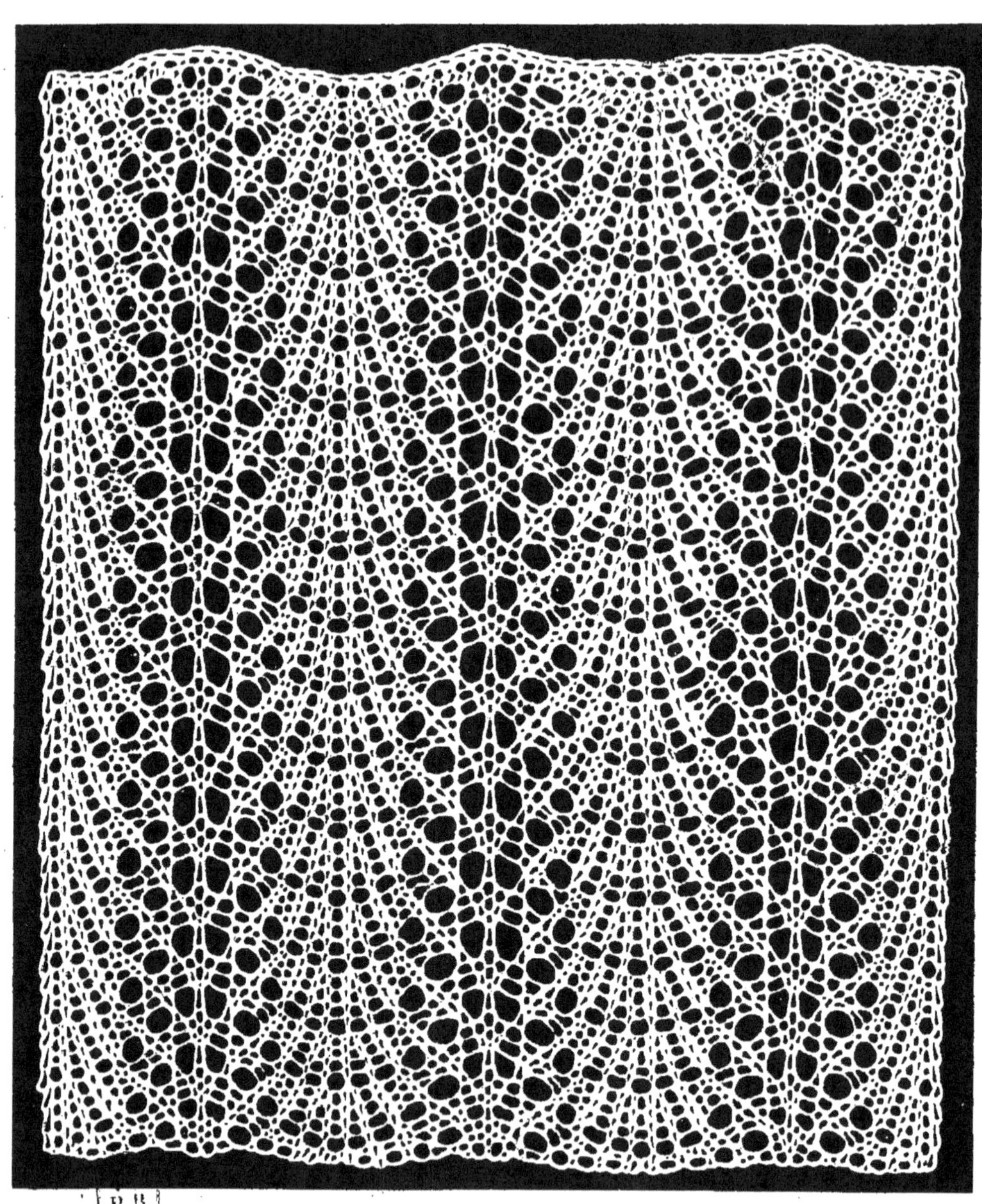

Tricot Gerbe.

Tricot Gerbe.

Divisez le nombre de mailles par 18 et 4 pour les 2 lisières.

1er Tour à l'endroit.

2 mailles unies, 1 jetée 3 rétrécies à l'envers,* laissez le fil sur l'aiguille, 1 unie, passez le fil endessus l'aiguille avant 5 mailles que vous tricoterez à l'endroit, 1 jetée 6 rétrécies à l'envers* (Retournez au signe.) finissez l'aiguille par 1 jetée 3 rétrécies à l'envers, 2 unies.

2ème Tour tout à l'envers.

3ème Tour tout à l'endroit.

4ème Tour tout à l'envers.

Recommencez par le 1er Tour.

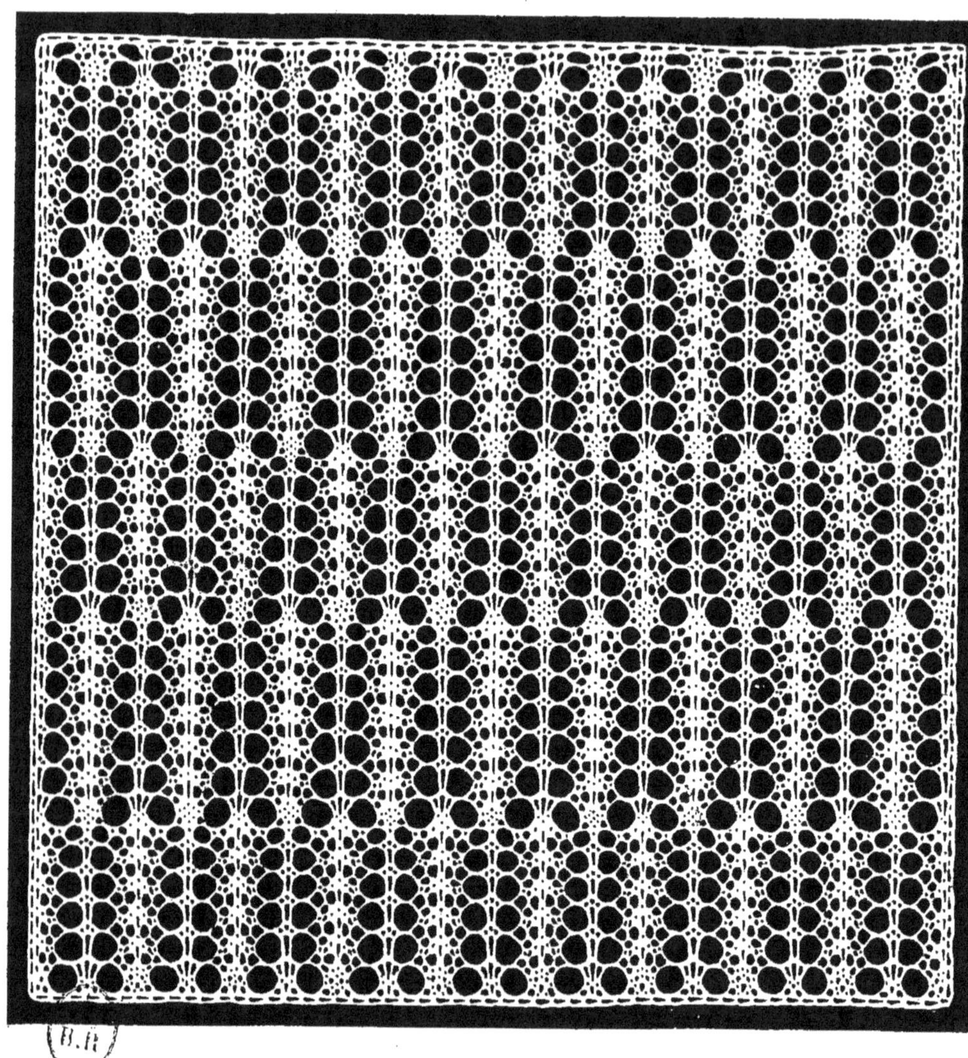

Tricot Epi.

Tricot à épi.

Divisez le nombre de mailles par 6 et 3 de plus pour les 2 lisières.

1er Tour, à l'endroit.

2 mailles unies, * 1 jetée 1 unie, prenez une maille sans la tricoter, 1 rétrécie, jetez celle qui n'est pas tricotée sur celle rétrécie, 1 unie, 1 jetée 1 unie * (Retournez au signe.) finissez l'aiguille par 1 jetée 2 unies.

2ème Tour.

Tricotez toutes les mailles à l'envers.

faites 12 tours de même, 6 à l'endroit et 6 à l'envers.

13ème Tour, à l'endroit.

3 mailles unies * 1 jetée, prenez une maille sans la tricoter, 1 rétrécie, jetez celle qui n'est pas tricotée sur celle rétrécie, 1 jetée 3 unies * (Retournez au signe.) finissez le tour par 1 jetée 3 unies.

14ème Tour.

Tricotez toutes les mailles à l'envers.

15ème Tour, à l'endroit.

2 mailles unies, 1 rétrécie, * 1 jetée 1 unie, 1 jetée 1 unie, prenez une maille sans la tricoter, 1 rétrécie, jetez celle qui n'est pas tricotée sur celle rétrécie, 1 unie * (Retournez au signe.) finissez l'aiguille par 1 jetée 1 rétrécie, 2 unies.

16ème Tour.

Tricotez toutes les mailles à l'envers.

faites 10 tours de même que le 15ème et le 16ème tour.

27ème Tour, à l'endroit.

1 maille unie, 1 rétrécie, * 1 jetée 3 unies, 1 jetée, prenez une maille sans la tricoter, 1 rétrécie, jetez celle qui n'est pas tricotée sur celle rétrécie * (Retournez au signe.) finissez par 1 jetée 1 rétrécie, 1 unie.

28ème Tour.

Tricotez toutes les mailles à l'envers.

Puis recommencez par le 1er Tour.

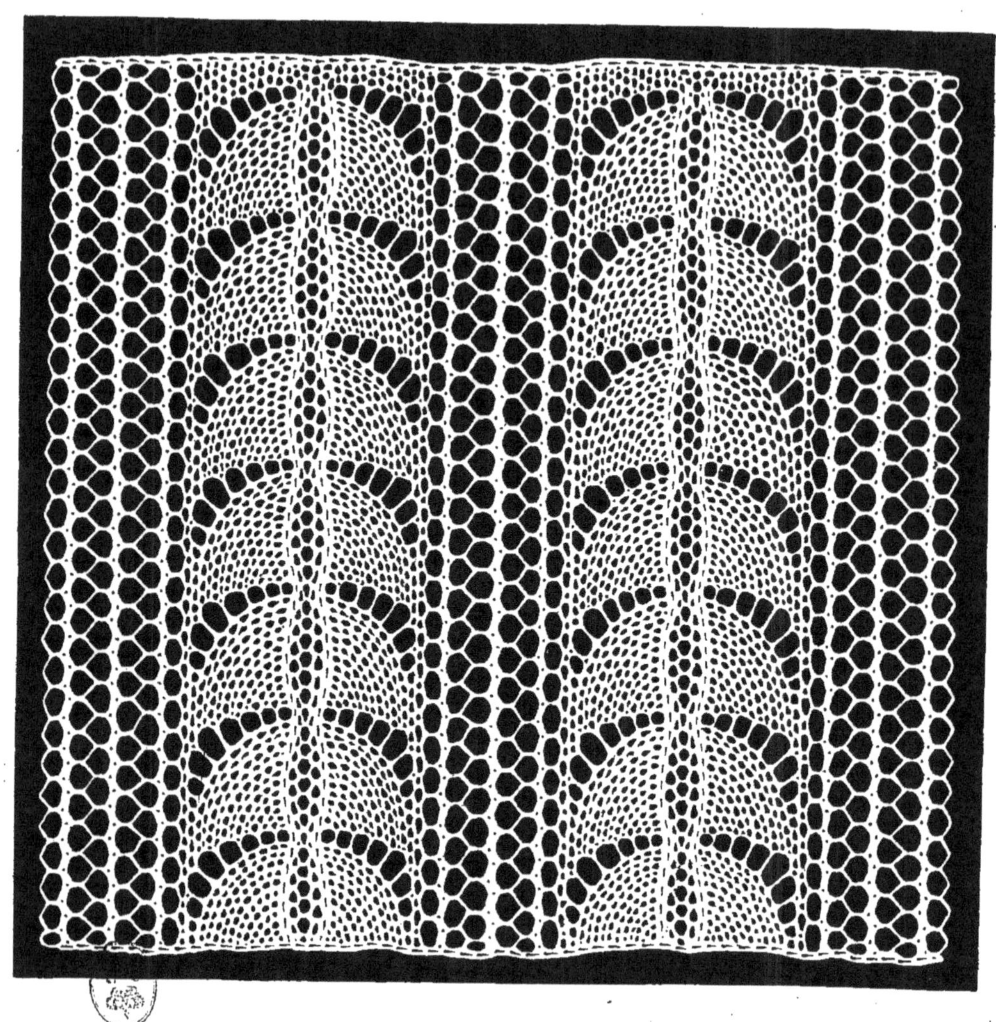

Tricot Coquille

Tricot à coquille.

31 mailles pour 2 rangées de jours et 1 rangée de coquilles.

1er Tour, à l'endroit.

×1 jetée 1 rétrécie à l'envers 3 fois de suite
passez le fil sous l'aiguille 1 maille unie, 1 jetée 6 unies, 1 rétrécie, 1 à l'envers 1 rétrécie, 6 unies, 1 jetée 1 unie× (Retournez au signe).

2ème Tour, à l'envers.

×1 jetée 1 rétrécie à l'envers 3 fois de suite.
2 unies, 1 jetée 5 unies, 1 rétrécie, 1 à l'endroit, 1 rétrécie, 5 unies, 1 jetée 2 unies× (Retournez au signe).

3ème Tour, à l'endroit.

×1 jetée 1 rétrécie à l'envers 3 fois de suite
passez le fil sous l'aiguille, 3 unies, 1 jetée 4 unies, 1 rétrécie, 1 à l'envers, 1 rétrécie, 4 unies, 1 jetée 3 unies× (Retournez au signe).

4ème Tour, à l'envers.

×1 jetée 1 rétrécie à l'envers. 3 fois de suite.
4 unies, 1 jetée 3 unies, 1 rétrécie, 1 à l'endroit, 1 rétrécie, 3 unies, 1 jetée 4 unies× (Retournez au signe).

5ème Tour, à l'endroit.

×1 jetée 1 rétrécie à l'envers 3 fois de suite.
passez le fil sous l'aiguille, 5 unies, 1 jetée 2 unies, 1 rétrécie, 1 à l'envers, 1 rétrécie, 2 unies, 1 jetée 5 unies× (Retournez au signe).

6ème Tour, à l'envers.

×1 jetée 1 rétrécie à l'envers 3 fois de suite.
6 unies, 1 jetée 1 unie, 1 rétrécie, 1 à l'endroit, 1 rétrécie, 1 unie, 1 jetée 6 unies× (Retournez au signe).

7ème Tour, à l'endroit.

×1 jetée 1 rétrécie à l'envers 3 fois de suite.
passez le fil sous l'aiguille, 7 unies, 1 jetée 1 rétrécie, 1 à l'envers, 1 rétrécie, 1 jetée 7 unies× (Retournez au signe).

8ème Tour, à l'envers.

* 1 jetée 1 rétrécie à l'envers 3 fois de suite 9 à l'envers, 1 à l'endroit, 9 à l'envers *(Retournez au signe.)

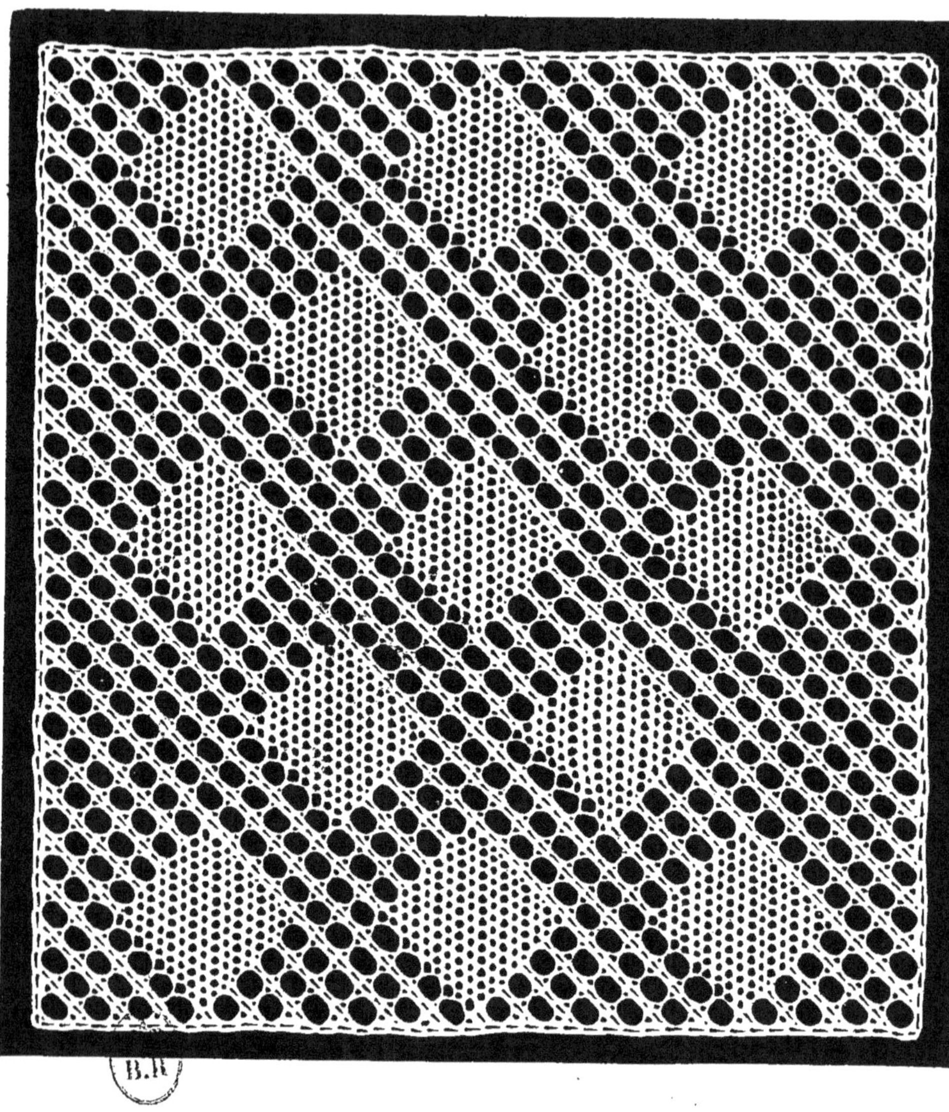

Tricot Losange.

Tricot à Losange.

Divisez le nombre de mailles par 12 et 6 de plus pour les 2 lisières.

1er Tour, tout à l'endroit.

2 mailles unies, 1 jetée 1 rétrécie surjetée 3 fois de suite.
* 2 unies, 1 jetée 1 rétrécie surjetée 5 fois de suite * (Retournez au signe.) finissez l'aiguille par 2 unies, 1 jetée 1 rétrécie surjetée 3 fois de suite, 2 unies.

2ème Tour, tout à l'envers.

3ème Tour, à l'endroit.

1 maille unie, 1 jetée 1 rétrécie surjetée 3 fois de suite.
* 4 unies, 1 jetée 1 rétrécie surjetée 4 fois de suite * (Retournez au signe.) finissez par 4 unies, 1 jetée 1 rétrécie surjetée 3 fois de suite, 1 unie.

4ème Tour, tout à l'envers.

5ème Tour, à l'endroit.

2 mailles unies, 1 jetée 1 rétrécie surjetée 2 fois de suite, * 6 unies, 1 jetée 1 rétrécie surjetée 3 fois de suite * (Retournez au signe.) finissez par 1 jetée 1 rétrécie surjetée 2 fois de suite, 2 unies.

6ème Tour, tout à l'envers.

7ème Tour, à l'endroit.

1 maille unie, 1 jetée, 1 rétrécie surjetée 2 fois de suite.
* 8 unies, 1 jetée, 1 rétrécie surjetée 2 fois de suite * (Retournez au signe.) finissez par 8 unies, 1 jetée 1 rétrécie surjetée 2 fois de suite, 1 unie.

8ème Tour, tout à l'envers.

9ème Tour, à l'endroit.

2 mailles unies, 1 jetée 1 rétrécie surjetée 2 fois de suite.
* 6 unies, 1 jetée 1 rétrécie surjetée 3 fois de suite * (Retournez au signe.) finissez par 6 unies, 1 jetée 1 rétrécie surjetée 2 fois de suite, 2 unies.

10ème Tour, tout à l'envers.

11ème Tour, à l'endroit.

1 maille unie, 1 jetée 1 rétrécie surjetée 3 fois de suite.
* 4 unies, 1 jetée 1 rétrécie surjetée 4 fois de suite * (Retournez au signe.) finissez par 4 unies, 1 jetée 1 rétrécie surjetée 3 fois de suite, 1 unie.

12ème " Tour, tout à l'envers.

13ème " Tour, à l'endroit.

2 mailles unies, 1 jetée 1 rétrécie surjetée 3 fois de suite.
2 unies, 1 jetée 1 rétrécie surjetée 5 fois de suite (Retournez au signe.) finissez par 2 unies 1 jetée 1 rétrécie surjetée 3 fois de suite, 2 unies.

14ème " Tour, tout à l'envers.

15ème " Tour, à l'endroit.

1 maille unie *1 jetée 1 rétrécie surjetée* (Retournez au signe) finissez par 1 unie.

16ème " Tour, tout à l'envers

17ème " Tour, à l'endroit

2 mailles unies, 1 jetée 1 rétrécie surjetée 6 fois de suite.
2 unies, 1 jetée 1 rétrécie surjetée 5 fois de suite (Retournez au signe.) finissez par 2 unies, 1 jetée 1 rétrécie surjetée 6 fois de suite, 2 unies.

18ème " Tour, tout à l'envers.

19ème " Tour, à l'endroit.

1 maille unie, 1 jetée 1 jetée 1 rétrécie surjetée 6 fois de suite.
4 unies, 1 jetée 1 rétrécie surjetée 4 fois de suite (Retournez au signe) finissez le tour par 4 unies 1 jetée 1 rétrécie surjetée 6 fois de suite, 1 unie

20ème " Tour, tout à l'envers.

21ème " Tour, à l'endroit.

2 mailles unies, 1 jetée, 1 rétrécie surjetée 5 fois de suite.
6 unies, 1 jetée 1 rétrécie surjetée 3 fois de suite (Retournez au signe.) finissez par 6 unies, 1 jetée 1 rétrécie surjetée 5 fois de suite, 2 unies.

22ème " Tour, tout à l'envers.

23ème " Tour, à l'endroit.

1 maille unie, 1 jetée 1 rétrécie surjetée 5 fois de suite.
8 unies 1 jetée, 1 rétrécie surjetée 2 fois de suite (Retournez au signe) finissez par 8 unies, 1 jetée 1 rétrécie surjetée 5 fois de suite, 1 unie.

24ème " Tour, tout à l'envers.

25ème " Tour, à l'endroit.

2 mailles unies, 1 jetée 1 rétrécie surjetée 5 fois de suite.

6 unies, 1 jetée 1 rétrécie surjetée 3 fois de suite (Retournez au signe) finissez par 6 unies 1 jetée 1 rétrécie surjetée 5 fois de suite, 2 unies.

26ème Tour, tout à l'envers.

27ème Tour, à l'endroit.

1 maille unie 1 jetée 1 rétrécie surjetée 6 fois de suite.
4 unies, 1 jetée 1 rétrécie surjetée 4 fois de suite (Retournez au signe) finissez par 4 unies, 1 jetée 1 rétrécie surjetée 6 fois de suite, 1 unie.

28ème Tour, tout à l'envers.

29ème Tour, à l'endroit.

2 mailles unies, 1 jetée 1 rétrécie surjetée 6 fois de suite.
2 unies, 1 jetée 1 rétrécie surjetée 5 fois de suite (Retournez au signe) finissez par 2 unies 1 jetée 1 rétrécie surjetée 6 fois de suite, 2 unies.

30ème Tour, tout à l'envers.

31ème Tour, à l'endroit.

1 maille unie, *1 jetée 1 rétrécie surjetée* (Retournez au signe) finissez par 1 unie.

32ème Tour, tout à l'envers.

Recommencez par le 1er Tour.

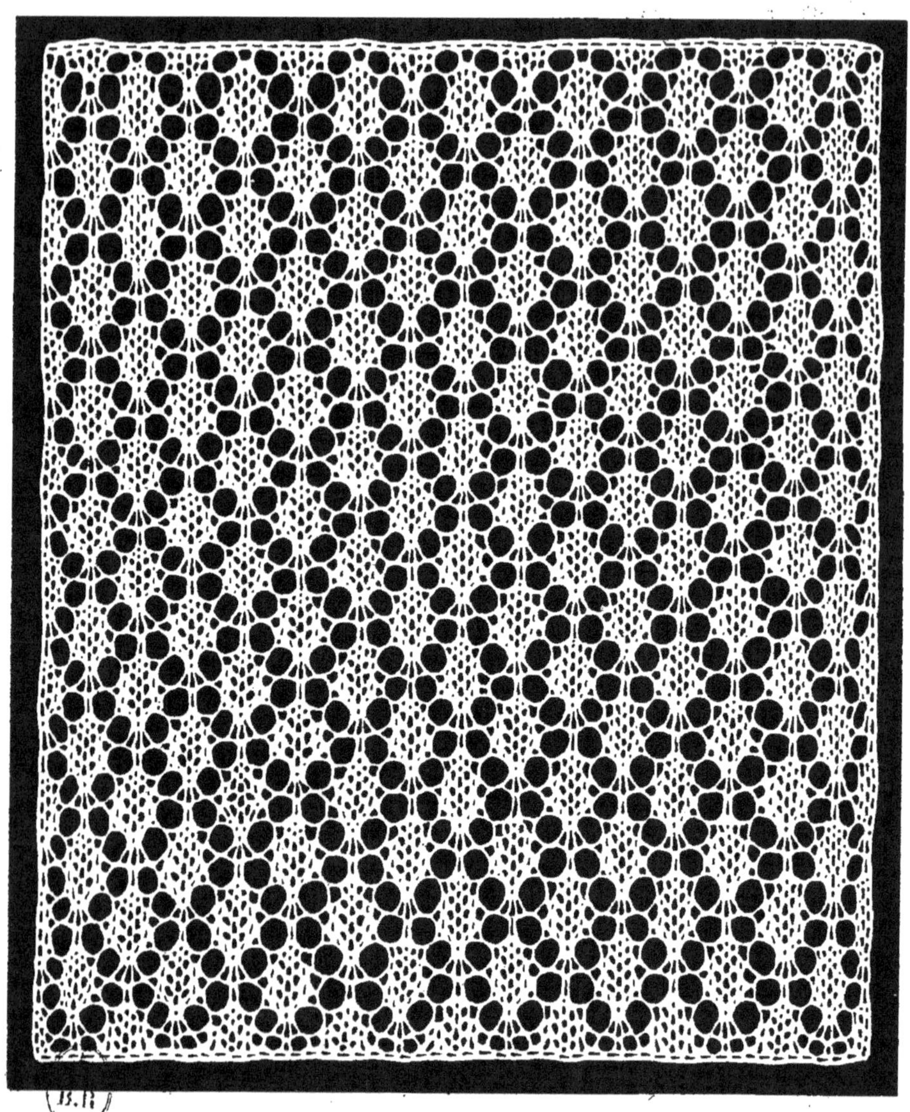

E. Hagnauer Lith. Lith. d. 4 Frères Sapene, r. St Martin, 104.

Tricot point de riz.

Tricot point de riz.

Montez le nombre de mailles divisé par 6 et 3 de plus pour les 2 lisières.

1er Tour, à l'endroit.

2 mailles unies * 1 jetée 1 rétrécie surjetée, 1 unie, 1 rétrécie, 1 jetée 1 unie * (Retournez au signe) finissez par 1 jetée 2 unies

2ème Tour, tout à l'envers.

3ème Tour, à l'endroit.

3 mailles unies, * 1 jetée prenez une maille sans la tricoter, 1 rétrécie, jetez celle qui n'est pas tricotée sur celle rétrécie, 1 jetée 3 unies * (Retournez au signe) finissez par 1 jetée 3 unies.

4ème Tour, tout à l'envers.

5ème Tour, à l'endroit.

2 maillesunies 1 rétrécie, * 1 jetée 1 unie, 1 jetée 1 rétrécie surjetée, 1 unie, 1 rétrécie, * (Retournez au signe) finissez par 1 jetée 1 rétrécie surjetée, 2 unies.

6ème Tour, tout à l'envers.

7ème Tour, à l'endroit.

1 maille unie, 1 rétrécie, * 1 jetée 3 unies, 1 jetée prenez une maille sans la tricoter, 1 rétrécie, jetez celle qui n'est pas tricotée sur celle rétrécie * (Retournez au signe) finissez par 1 jetée 1 rétrécie surjetée, 1 unie.

8ème Tour, tout à l'envers.

Recommencez par le 1er Tour.

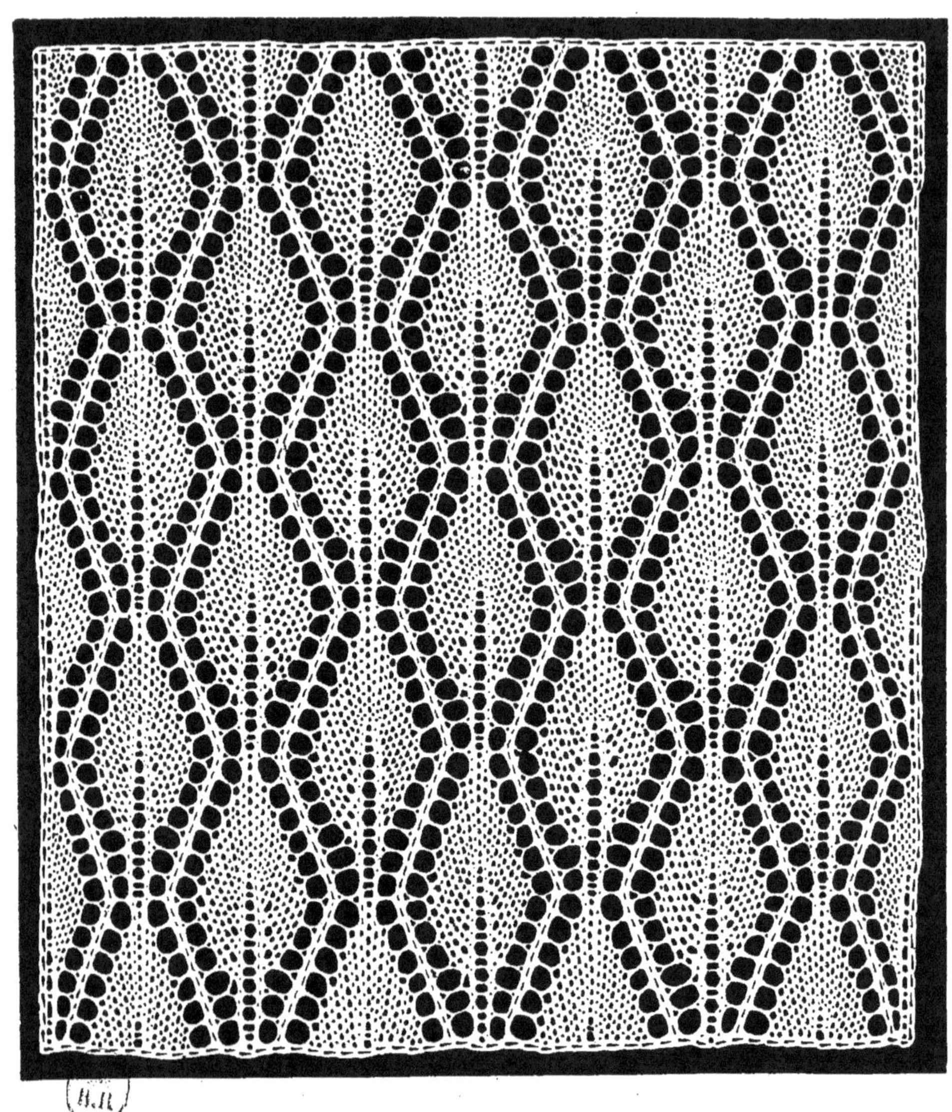

Tricot à Feuille fendue.

Tricot à Feuilles fendues.

Montez le nombre de mailles divisé par 15.

1er Tour, à l'endroit.

1 Maille rétrécie à l'envers, 3 unies, 1 jetée 1 rétrécie, 1 jetée 1 unie, 1 jetée 1 rétrécie, 1 jetée 3 unies, 1 rétrécie (Retourner au signe).

2ème Tour, tout à l'envers.

3ème Tour, à l'endroit.

1 maille rétrécie à l'envers, 2 unies, 1 jetée 1 rétrécie, 1 jetée 3 unies, 1 jetée 1 rétrécie, 1 jetée 2 unies, 1 rétrécie (Retourner au signe)

4ème Tour, tout à l'envers.

5ème Tour, à l'endroit.

1 maille rétrécie à l'envers, 1 unie, 1 jetée 1 rétrécie, 1 jetée 5 unies, 1 jetée 1 rétrécie, 1 jetée 1 unie, 1 rétrécie (Retourner au signe).

6ème Tour, tout à l'envers.

7ème Tour, à l'endroit.

1 maille rétrécie à l'envers, laissez le fil sur l'aiguille 1 rétrécie, 1 jetée 7 unies, 1 jetée 1 rétrécie, 1 jetée 1 rétrécie (Retourner au signe).

8ème Tour, tout à l'envers.

9ème Tour, à l'endroit.

1 maille unie, 1 jetée 1 rétrécie, 1 jetée 3 unies, 1 rétrécie, 4 unies, 1 jetée 1 rétrécie, 1 jetée 1 unie (Retourner au signe).

10ème Tour, tout à l'envers.

11ème Tour, à l'endroit.

1 maille unie, 1 jetée 1 rétrécie, 1 jetée 3 unies, 1 rétrécie, 1 rétrécie à l'envers, 3 unies, 1 jetée 1 rétrécie, 1 jetée 1 unie (Retourner au signe)

12ème Tour, tout à l'envers.

13ème Tour, à l'endroit.

2 mailles unies, 1 jetée 1 rétrécie, 1 jetée 2 unies, 1 rétrécie, 1 rétrécie à l'envers, 2 unies, 1 jetée 1 rétrécie, 1 jetée 2 unies (Retourner au signe)

14ème Tour, tout à l'envers.

15ème Tour, à l'endroit.

* 3 mailles unies, 1 jetée 1 rétrécie, 1 jetée 1 unie, 1 rétrécie, 1 rétrécie à l'envers, 1 unie, 1 jetée 1 rétrécie, 1 jetée 3 unies * (Retournez au signe)

16ème Tour, tout à l'envers.

17ème Tour, à l'endroit.

* 4 mailles unies, 1 jetée 1 rétrécie, 1 jetée 1 rétrécie, 1 rétrécie à l'envers, laissez le fil sur l'aiguille, 1 rétrécie, 1 jetée 4 unies * (Retournez au signe.)

18ème Tour, tout à l'envers.

19ème Tour, à l'endroit.

* 1 maille rétrécie, 3 unies, 1 jetée 1 rétrécie, 1 jetée 1 rétrécie, 1 jetée 1 rétrécie, 1 jetée 3 unies, 1 rétrécie * (Retournez au signe.)

20ème Tour, tout à l'envers.

21ème Tour, à l'endroit.

* 1 maille rétrécie à l'envers, 3 unies, 1 jetée 1 rétrécie, 1 jetée 1 unie, 1 jetée 1 rétrécie, 1 jetée 3 unies, 1 rétrécie * (Retournez au signe.)

22ème Tour, tout à l'envers.

Puis recommencez par le 1er tour.

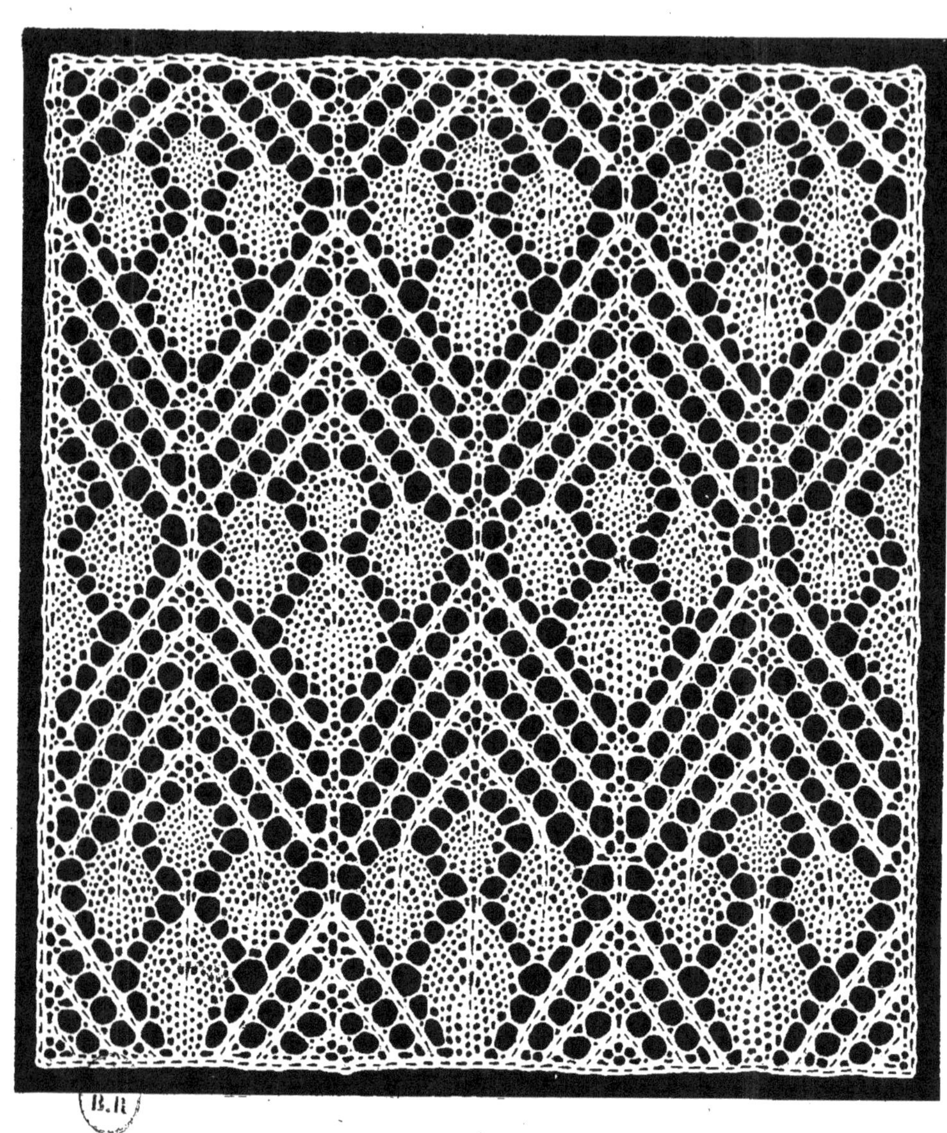

Tricot Point de Paris.

Tricot point de Paris.

Montez le nombre de mailles divisé par 16, et 1 de plus pour les 2 lisières.

1er Tour.

1 maille unie * 1 rétrécie, 1 jetée 1 rétrécie 2 fois de suites, 1 jetée 3 unies, 1 jetée, 1 rétrécie surjetée 3 fois de suite, 1 unie * (Retournez au signe.) le Dessin doit finir au dernier signe.

2ème Tour, tout à l'envers.

3ème Tour.

1 maille rétrécie * 1 jetée 1 rétrécie, 1 jetée 1 rétrécie, 1 jetée 5 unies, 1 jetée 1 rétrécie surjetée 2 fois de suite, 1 jetée 3 mailles ensemble * (Retournez au signe.) finissez par 1 jetée 1 rétrécie.

4ème Tour, tout à l'envers.

5ème Tour.

1 Maille unie * 1 rétrécie, 1 jetée 1 rétrécie, 1 jetée 7 unies, 1 jetée 1 rétrécie surjetée 2 fois de suite, 1 unie * (Retournez au signe.) le Dessin doit finir au dernier signe.

6ème Tour, tout à l'envers.

7ème Tour.

1 Maille rétrécie * 1 jetée 1 rétrécie, 1 jetée 1 unie, 1 jetée 2 unies, 3 mailles ensemble, 2 unies 1 jetée, 1 unie 1 jetée, 1 rétrécie surjetée, 1 jetée, 3 mailles ensemble * (Retournez au signe.) finissez par une jetée une rétrécie.

8ème Tour, tout à l'envers.

9ème Tour.

1 Maille unie * 1 rétrécie, 1 jetée 3 unies, 1 jetée 1 unie, 3 mailles ensemble, 1 unie, 1 jetée 3 unies, 1 jetée 1 rétrécie surjetée, 1 unie * (Retournez au signe.) le Dessin doit finir au dernier signe.

10ème Tour, tout à l'envers.

11ème Tour.

1 Maille rétrécie * 1 jetée 5 unies, 1 jetée 3 mailles ensemble, 1 jetée 5 unies, 1 jetée 3 mailles ensemble * (Retournez au signe.) finissez par 1 jetée 1 rétrécie.

12ème Tour, tout à l'envers.

13ème Tour.

1 maille unie,* 1 jetée 2 unies, 3 mailles ensemble, 2 unies, 1 jetée 1 unie, 1 jetée 2 unies, 3 mailles ensemble, 2 unies, 1 jetée 1 unie* (Retournez au signe.) Le Dessin doit finir au dernier signe.

14ème Tour, tout à l'envers.

15ème Tour.

2 mailles unies,* 1 jetée 1 unie, 3 mailles ensemble, 1 unie, 1 jetée 3 unies, 1 jetée 1 unie, 3 mailles ensemble, 1 unie, 1 jetée 3 unies,* (Retournez au signe.) finissez par 1 jetée 2 unies.

16ème Tour, tout à l'envers.

17ème Tour.

3 mailles unies,* 1 jetée 3 mailles ensemble, 1 jetée 5 unies, 1 jetée 3 mailles ensemble, 1 jetée 1 rétrécie, 1 jetée 1 unie, 1 jetée 1 rétrécie surjetée,* (Retournez au signe.) finissez par 1 jetée 3 unies.

18ème Tour, tout à l'envers.

19ème Tour.

2 mailles unies,* 1 jetée 1 rétrécie surjetée 2 fois de suite, 1 jetée 1 unie, 3 mailles ensemble, 1 unie, 1 jetée 1 rétrécie 2 fois de suite, 1 jetée 3 unies,* (Retournez au signe.) finissez par 1 jetée 2 unies.

20ème Tour, tout à l'envers.

21ème Tour.

1 maille unie,* 1 jetée 1 rétrécie surjetée 3 fois de suite, 1 jetée 3 mailles ensemble, 1 jetée 1 rétrécie 3 fois de suite, 1 jetée 1 unie* (Retournez au signe.) Le Dessin doit finir au dernier signe.

22ème Tour, tout à l'envers.

23ème Tour.

2 mailles unies,* 1 jetée 1 rétrécie surjetée 3 fois de suite, 1 unie, 1 rétrécie, 1 jetée 1 rétrécie 2 fois de suite, 1 jetée 3 unies,* (Retournez au signe.) finissez par 1 jetée 2 unies.

24ème Tour, tout à l'envers.

25ème Tour.

1 maille unie,* 1 jetée 1 rétrécie surjetée 3 fois de suite, 1 jetée 3 mailles ensemble, 1 jetée 1 rétrécie 3 fois de suite, 1 jetée 1 unie* (Retourner au signe) le Dessin doit finir au dernier signe.

26ème " Tour, tout à l'envers.

27ème " Tour.

2 mailles unies,* 1 jetée 1 rétrécie surjetée 3 fois de suite, 1 unie, 1 rétrécie, 1 jetée 1 rétrécie 2 fois de suite, 1 jetée 3 unies,* (Retournez au signe) finissez par 1 jetée 2 unies.

28ème " Tour, tout à l'envers.

29ème " Tour.

3 mailles unies,* 1 jetée 1 rétrécie surjetée 2 fois de suite, 1 jetée 3 mailles ensemble, 1 jetée 1 rétrécie 2 fois de suite, 1 jetée 5 unies* (Retournez au signe) finissez par 1 jetée 3 unies.

30ème " Tour, tout à l'envers.

31ème " Tour.

4 mailles unies,* 1 jetée 1 rétrécie surjetée 2 fois de suite, 1 unie, 1 rétrécie, 1 jetée 1 rétrécie, 1 jetée 7 unies* (Retournez au signe) finissez par 1 jetée 4 unies.

32ème " Tour, tout à l'envers.

33ème " Tour.

1 maille unie, 1 rétrécie, 1 unie,* 1 jetée 1 unie, 1 jetée 1 rétrécie surjetée, 1 jetée 3 mailles ensemble, 1 jetée 1 rétrécie, 1 jetée 1 unie, 1 jetée 2 unies, 3 mailles ensemble, 2 unies* (Retournez au signe) finissez par 1 jetée 1 unie, 1 jetée 1 unie, 1 rétrécie, 1 unie.

34ème " Tour, tout à l'envers.

35ème " Tour.

1 maille unie, 1 rétrécie,* 1 jetée 3 unies, 1 jetée, 1 rétrécie surjetée, 1 unie, 1 rétrécie, 1 jetée 3 unies, 1 jetée 1 unie, 3 mailles ensemble, 1 unie* (Retournez au signe) finissez par 1 jetée, 1 rétrécie, 1 unie.

36ème " Tour, tout à l'envers.

37ème " Tour.

1 maille rétrécie,* 1 jetée 5 unies, 1 jetée, 3 mailles ensemble, 1 jetée

5 unies, 1 jetée 3 mailles ensemble * (Retournez au signe) finissez par 1 jetée 1 rétrécie.

38ième Tour, tout à l'envers.

39ième Tour.

1 maille unie, * 1 jetée 2 unies, 3 mailles ensemble, 2 unies, 1 jetée 1 unie, 1 jetée 2 unies 3 mailles ensemble 2 unies, 1 jetée 1 unie * (Retournez au signe.) finissez par 1 jetée 1 unie.

40ième Tour, tout à l'envers.

41ième Tour.

2 mailles unies, * 1 jetée 1 unie 3 mailles ensemble 1 unie, 1 jetée 3 unies, 1 jetée 1 unie, 3 mailles ensemble, 1 unie, 1 jetée 3 unies, * (Retournez au signe.) finissez par 1 jetée 2 unies.

42ième Tour, tout à l'envers.

43ième Tour.

3 mailles unies, * 1 jetée 3 mailles ensemble, 1 jetée 1 rétrécie, 1 jetée 1 unie, 1 jetée 1 rétrécie surjetée, 1 jetée 3 mailles ensemble, 1 jetée 5 unies, * (Retournez au signe.) finissez par 1 jetée 3 unies.

44ième Tour, tout à l'envers.

45ième Tour.

1 maille unie, 1 rétrécie, * 1 jetée 1 rétrécie 2 fois de suite, 1 jetée 3 unies, 1 jetée 1 rétrécie surjetée 2 fois de suite, 1 jetée 1 unie, 3 mailles ensemble, 1 unie * (Retournez au signe.) finissez par 1 jetée 1 rétrécie 1 unie.

46ième Tour, tout à l'envers.

47ième Tour.

1 maille rétrécie, * 1 jetée 1 rétrécie 3 fois de suite, 1 jetée 1 unie 1 jetée, 1 rétrécie surjetée 3 fois de suite, 1 jetée 3 mailles ensemble, * (Retournez au signe.) finissez par 1 jetée 1 rétrécie.

48ième Tour, tout à l'envers.

49ième Tour.

1 maille unie, * 1 rétrécie, 1 jetée 1 rétrécie 2 fois de suite, 1 jetée 3 unies, 1 jetée 1 rétrécie surjetée 3 fois de suite, 1 unie * (Retournez au signe.) Le Dessin doit finir au dernier signe.

50ème Tour, tout à l'envers.

51ème Tour.

1 maille rétrécie,* 1 jetée 1 rétrécie 3 fois de suite, 1 jetée 1 unie, 1 jetée 1 rétrécie surjetée 3 fois de suite, 1 jetée 3 mailles ensemble* (Retournez au signe.) finissez par 1 jetée 1 rétrécie.

52ème Tour, tout à l'envers.

Puis recommencez par le 1er tour.

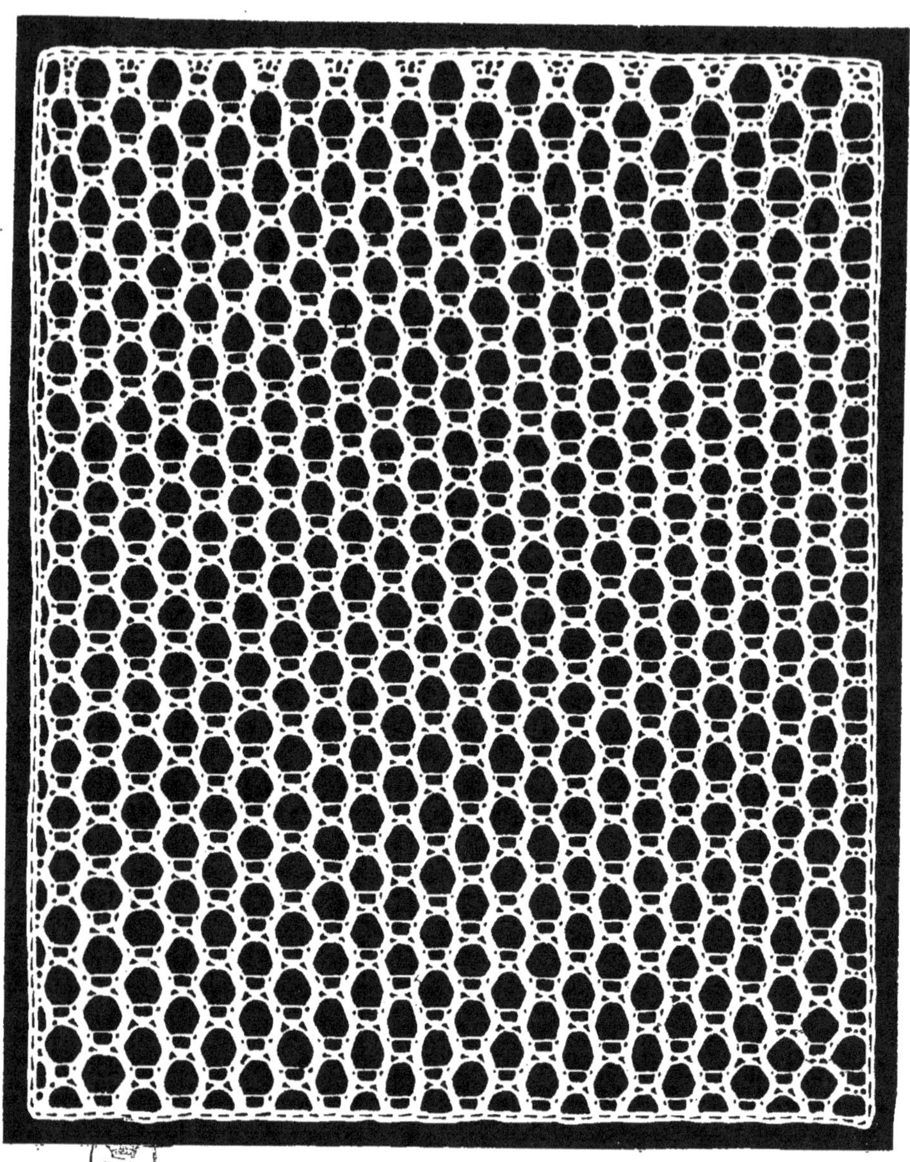

E. Hagnauer Lith.

Lith. d. 4 Frères Sapene, r. St Martin, 104.

Tricot dentelle.

Tricot Dentelle.

Montez le nombre de mailles divisé par 4 et 2 de plus pour les 2 lisières.

1er Tour.

Prenez la 1re maille sans la tricoter, passez le fil endessous l'aiguille, * 1 maille rétrécie 2 fois de suite, 2 jetées.* (Retournez au signe.) finissez l'aiguille par 1 maille rétrécie 2 fois de suite, 1 unie.

2ème Tour.

Prenez la 1re maille sans la tricoter, passez le fil endessous l'aiguille, * 3 mailles unies, 1 à l'envers.* (Retournez au signe.)

3ème Tour.

Prenez la 1re maille sans la tricoter, passez le fil endessous l'aiguille, 1 maille unie,* 2 jetées, 1 rétrécie 2 fois de suite* (Retournez au signe.) finissez l'aiguille par 2 jetées, 2 mailles unies.

4ème Tour.

Prenez la 1re maille sans la tricoter, passez le fil endessous l'aiguille, 2 mailles unies,* 1 à l'envers, 3 unies.* (Retournez au signe.)

Recommencez par le 1er Tour.

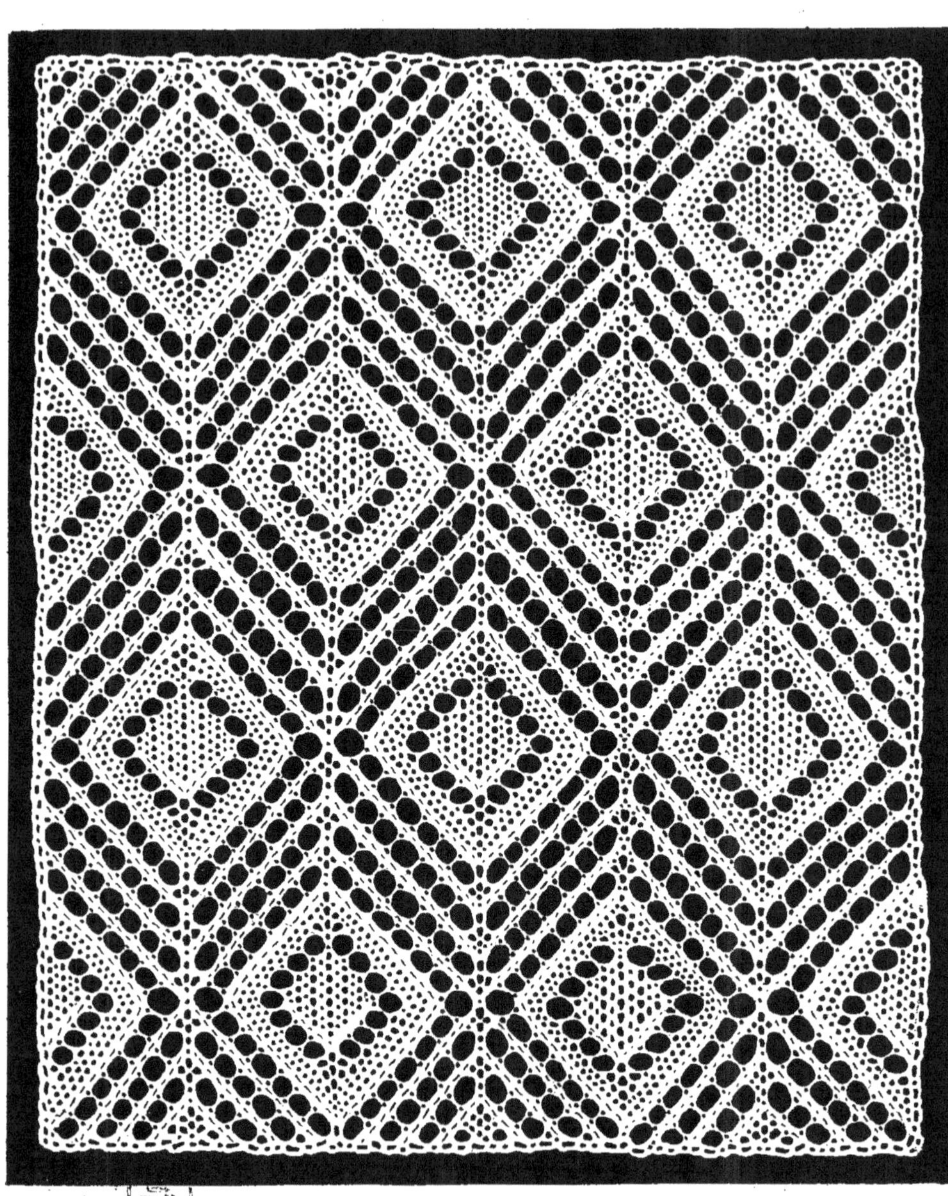

Tricot guipure.

Tricot Guipure.

Montez le nombre de mailles divisé par 16 et une de plus pour la lisière.

1er Tour.

1 maille unie, *1 rétrécie, 1 jetée 1 rétrécie, 1 jetée 1 rétrécie, 1 jetée 3 unies, 1 jetée 1 rétrécie surjetée, 1 jetée 1 rétrécie surjetée, 1 jetée, 1 rétrécie surjetée, 1 unie* (Retournez au signe) finissez par 1 unie.

2ème Tour, tout à l'envers.

3ème Tour.

1 maille rétrécie, *1 jetée 1 rétrécie, 1 jetée 1 rétrécie, 1 jetée 5 unies, 1 jetée 1 rétrécie surjetée, 1 jetée 1 rétrécie surjetée, 1 jetée 3 mailles ensemble* (Retournez au signe) finissez par 1 jetée 1 rétrécie.

4ème Tour, tout à l'envers.

5ème Tour.

1 maille unie, *1 rétrécie, 1 jetée 1 rétrécie, 1 jetée 1 rétrécie, 1 unie, 1 jetée 1 unie, 1 jetée 1 unie, 1 rétrécie, 1 jetée 1 rétrécie surjetée, 1 jetée 1 rétrécie surjetée, 1 unie* (Retournez au signe) finissez par 1 unie.

6ème Tour, tout à l'envers.

7ème Tour.

1 maille rétrécie, *1 jetée 1 rétrécie, 1 jetée 1 rétrécie, 1 unie, 1 jetée 3 unies, 1 jetée 1 unie, 1 rétrécie, 1 jetée 1 rétrécie surjetée, 1 jetée 3 mailles ensembles* (Retournez au signe) finissez par 1 jetée 1 rétrécie.

8ème Tour, tout à l'envers.

9ème Tour.

1 maille unie, *1 rétrécie, 1 jetée 1 rétrécie, 1 unie, 1 jetée 5 unies, 1 jetée 1 unie, 1 rétrécie, 1 jetée 1 rétrécie surjetée, 1 unie* (Retournez au signe) finissez par 1 unie.

10ème Tour, tout à l'envers.

11ème Tour.

1 maille rétrécie, *1 jetée 1 rétrécie, 1 unie, 1 jetée 7 unies, 1 jetée 1 unie, 1 rétrécie, 1 jetée 3 mailles ensemble* (Retournez au signe) finissez par 1 jetée 1 rétrécie.

12ème Tour, tout à l'envers.

13ème Tour.

2 Mailles unies, *1 jetée 1 rétrécie surjetée, 1 unie, 1 jetée 1 rétrécie surjetée 3 unies, 1 rétrécie, 1 jetée 1 unie, 1 rétrécie, 1 jetée 3 unies* (Retournez au signe) finissez par 1 jetée 2 unies.

14ème Tour, tout à l'envers. 15ème Tour.

3 mailles unies, *1 jetée 1 rétrécie surjetée, 1 unie, 1 jetée 1 rétrécie surjetée 1 unie, 1 rétrécie, 1 jetée 1 unie, 1 rétrécie, 1 jetée 1 rétrécie, 1 jetée 1 unie, 1 jetée 1 rétrécie surjetée* (Retournez au signe), finissez par 1 jetée 3 unies.

16ème Tour, tout à l'envers.

17ème Tour.

2 mailles unies, *1 jetée 1 rétrécie surjetée, 1 jetée 1 rétrécie surjetée, 1 unie 1 jetée 3 mailles ensemble, 1 jetée 1 unie, 1 rétrécie, 1 jetée 1 rétrécie, 1 jetée 3 unies* (Retournez au signe) finissez par 1 jetée 2 unies.

18ème Tour, tout à l'envers.

19ème Tour.

3 mailles unies, *1 jetée 1 rétrécie surjetée, 1 jetée 1 rétrécie surjetée 3 unies 1 rétrécie, 1 jetée 1 rétrécie, 1 jetée 1 rétrécie, 1 jetée 1 unie, 1 jetée 1 rétrécie surjetée* (Retournez au signe) finissez par 1 jetée 3 unies.

20ème Tour, tout à l'envers.

21ème Tour.

2 mailles unies, *1 jetée 1 rétrécie surjetée, 1 jetée 1 rétrécie surjetée, 1 jetée 1 rétrécie surjetée, 1 unie 1 rétrécie, 1 jetée 1 rétrécie, 1 jetée 1 rétrécie, 1 jetée 3 unies* (Retournez au signe) finissez par 1 jetée 2 unies.

22ème Tour, tout à l'envers.

23ème Tour.

3 mailles unies *1 jetée 1 rétrécie surjetée, 1 jetée 1 rétrécie surjetée, 1 jetée 3 mailles ensemble, 1 jetée 1 rétrécie, 1 jetée 1 rétrécie, 1 jetée 1 rétrécie, 1 jetée 1 unie, 1 jetée 1 rétrécie surjetée* (Retournez au signe) finissez par 1 jetée 3 unies.

24ème Tour, tout à l'envers.

25ème Tour.

2 mailles unies *1 jetée 1 rétrécie surjetée, 1 jetée 1 rétrécie surjetée, 1 jetée

1 rétrécie surjetée 1 unie, 1 rétrécie, 1 jetée, 1 rétrécie, 1 jetée, 1 rétrécie, 1 jetée 3 unies* (Retournez au signe) finissez par 1 jetée, 2 unies.

26ème Tour, tout à l'envers.

27ème Tour

3 mailles unies* 1 jetée, 1 rétrécie surjetée, 1 jetée 1 rétrécie surjetée, 1 jetée, 3 mailles ensemble, 1 jetée, 1 rétrécie, 1 jetée, 1 rétrécie 1 jetée, 5 unies* (Retournez au signe) finissez par 1 jetée, 3 unies.

28ème Tour, tout à l'envers.

29ème Tour.

4 mailles unies* 1 jetée, 1 rétrécie surjetée, 1 jetée, 1 rétrécie surjetée, 1 unie, 1 rétrécie, 1 jetée, 1 rétrécie, 1 jetée, 1 rétrécie, 1 unie, 1 jetée, 1 unie, 1 jetée, 1 unie, 1 rétrécie* (Retournez au signe) finissez par 1 jetée, 4 unies.

30ème Tour, tout à l'envers.

31ème Tour.

2 mailles unies* 1 jetée 1 unie, 1 rétrécie, 1 jetée, 1 rétrécie surjetée, 1 jetée, 3 mailles ensemble, 1 jetée, 1 rétrécie, 1 jetée, 1 rétrécie, 1 unie, 1 jetée, 3 unies* (Retournez au signe) finissez par 1 jetée, 2 unies.

32ème Tour, tout à l'envers.

33ème Tour.

3 mailles unies* 1 jetée, 1 unie, 1 rétrécie, 1 jetée, 1 rétrécie surjetée, 1 unie, 1 rétrécie, 1 jetée, 1 rétrécie, 1 unie, 1 jetée, 5 unies,* (Retournez au signe) finissez par 1 jetée, 3 unies.

34ème Tour, tout à l'envers.

35ème Tour.

4 mailles unies* 1 jetée, 1 unie, 1 rétrécie, 1 jetée, 3 mailles ensemble, 1 jetée, 1 rétrécie, 1 unie, 1 jetée, 7 unies,* (Retournez au signe) finissez par 1 jetée, 4 unies.

36ème Tour, tout à l'envers.

37ème Tour.

2 mailles unies * 1 rétrécie, 1 jetée, 1 unie, 1 rétrécie, 1 jetée, 3 unies, 1 jetée, 1 rétrécie surjetée, 1 unie, 1 jetée, 1 rétrécie surjetée, 3 unies * (Retournez au signe) finissez par 1 jetée, 1 rétrécie, 2 unies.

38ème Tour, tout à l'envers.

39ème Tour.

1 maille unie * 1 rétrécie, 1 jetée, 1 unie, 1 rétrécie, 1 jetée, 1 rétrécie, 1 jetée, 1 unie, 1 jetée, 1 rétrécie surjetée, 1 jetée, 1 rétrécie surjetée, 1 unie, 1 jetée, 1 rétrécie surjetée, 1 unie * (Retournez au signe) finissez par 1 rétrécie, 1 unie.

40ème Tour, tout à l'envers.

41ème Tour.

1 maille rétrécie * 1 jetée, 1 unie, 1 rétrécie, 1 jetée, 1 rétrécie, 1 jetée, 3 unies, 1 jetée, 1 rétrécie surjetée, 1 jetée, 1 rétrécie surjetée, 1 unie, 1 jetée, 3 mailles ensemble * (Retournez au signe) finissez par 1 jetée, 1 rétrécie.

42ème Tour, tout à l'envers.

43ème Tour.

2 mailles unies * 1 rétrécie, 1 jetée, 1 rétrécie, 1 jetée, 1 rétrécie, 1 jetée, 1 unie, 1 jetée, 1 rétrécie surjetée, 1 jetée, 1 rétrécie surjetée, 1 jetée, 1 rétrécie surjetée, 3 unies * (Retournez au signe) finissez par 1 jetée, 1 rétrécie surjetée, 2 unies.

44ème Tour, tout à l'envers.

45ème Tour.

1 maille unie * 1 rétrécie, 1 jetée, 1 rétrécie, 1 jetée, 1 rétrécie, 1 jetée, 3 unies, 1 jetée, 1 rétrécie surjetée, 1 jetée, 1 rétrécie surjetée, 1 jetée, 1 rétrécie surjetée, 1 unie * (Retournez au signe.) finissez par le dernier signe.

46ème Tour, tout à l'envers.

47ème Tour.

2 mailles unies,* 1 rétrécie, 1 jetée 1 rétrécie, 1 jetée 1 rétrécie, 1 jetée 1 unie, 1 jetée 1 rétrécie surjetée, 1 jetée 1 rétrécie surjetée, 1 jetée 1 rétrécie surjetée, 1 jetée 3 mailles ensemble, 1 jetée * (Retournez au signe) finissez par 1 jetée 1 rétrécie, 2 unies.

48ème Tour, tout à l'envers.

Puis recommencez par le 1er Tour.

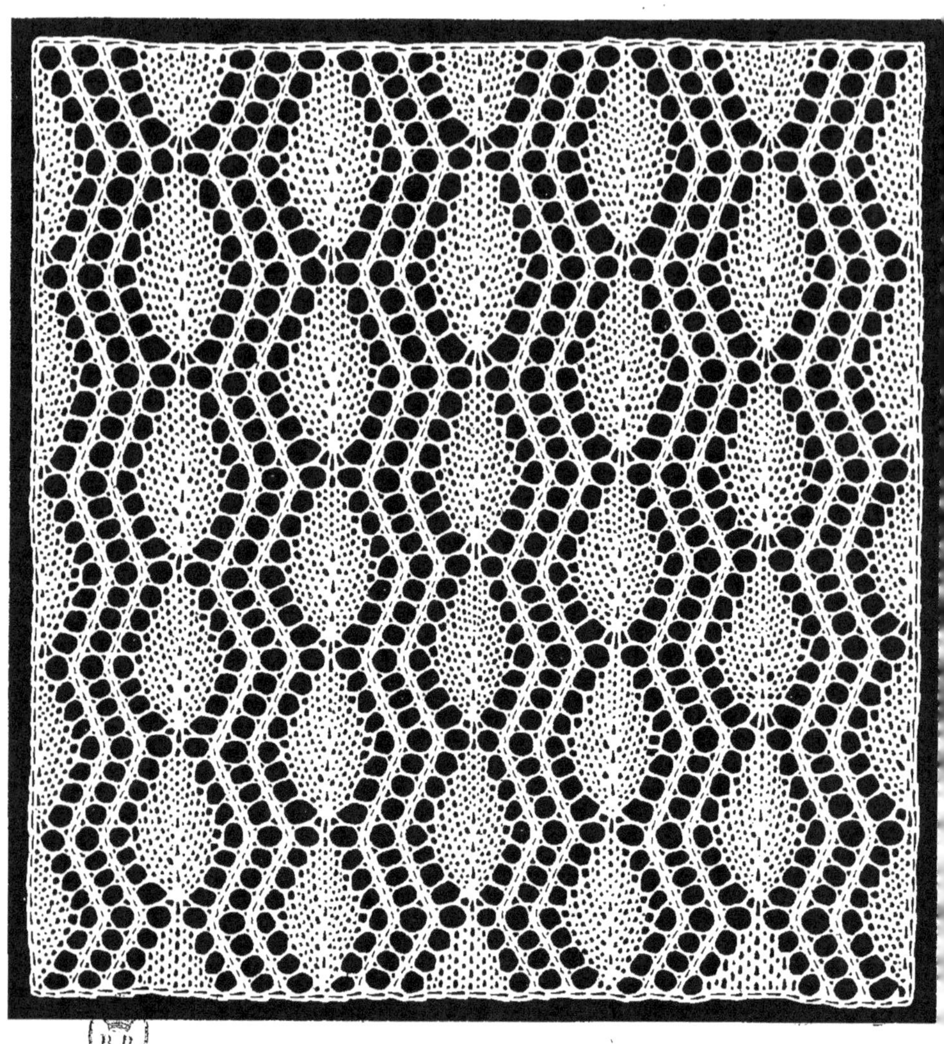

E. Haynauer Lith. Lith. d. 4 Frères Sapene, r. St Martin, 104.

Tricot Feuillage.

Tricot à Feuillage.

Montez le nombre de mailles divisé par 19 et 1 de plus pour les lisières.

1er Tour.

*2 mailles unies*1 jetée 1 rétrécie, 1 jetée 1 rétrécie, 1 jetée 3 unies, prenez une maille sans la tricoter, 1 rétrécie, jetez celle qui n'est pas tricotée sur celle rétrécie, 3 unies, 1 jetée 1 rétrécie, 1 jetée 1 rétrécie, 1 jetée 1 unie** (Retournez au signe.) *finissez par 1 jetée 2 unies.*

2ème Tour tout à l'envers.

3ème Tour.

*3 mailles unies*1 jetée 1 rétrécie, 1 jetée 1 rétrécie, 1 jetée 2 unies prenez une maille sans la tricoter, 1 rétrécie, jetez celle qui n'est pas tricotée sur celle rétrécie, 2 unies, 1 jetée 1 rétrécie 1 jetée 1 rétrécie, 1 jetée 3 unies.**
(Retournez au signe.) *finissez par 1 jetée 3 unies.*

4ème Tour tout à l'envers.

5ème Tour.

*4 mailles unies*1 jetée 1 rétrécie, 1 jetée 1 rétrécie, 1 jetée 1 unie, prenez une maille sans la tricoter, 1 rétrécie, jetez celle qui n'est pas tricotée sur celle rétrécie, 1 unie, 1 jetée 1 rétrécie, 1 jetée 1 rétrécie, 1 jetée 5 unies** (Retournez au signe.) *finissez l'aiguille par 1 jetée 4 unies.*

6ème Tour tout à l'envers.

7ème Tour.

*5 mailles unies*1 jetée 1 rétrécie, 1 jetée 1 rétrécie, 1 jetée prenez une maille sans la tricoter, 1 rétrécie, jetez celle qui n'est pas tricotée sur celle rétrécie, 1 jetée 1 rétrécie, 1 jetée 1 rétrécie, 1 jetée 7 unies** (Retournez au signe.) *finissez l'aiguille par 1 jetée 5 unies.*

8ème Tour tout à l'envers.

9ème Tour.

1 maille unie 1 rétrécie, 3 unies,* 1 jetée 1 rétrécie, 1 jetée 1 rétrécie, 1 jetée 1 unie, 1 jetée 1 rétrécie, 1 jetée 1 rétrécie, 1 jetée 3 unies, prenez une maille sans la tricoter, 1 rétrécie, jetez celle qui n'est pas tricotée sur celle rétrécie, 3 unies,* (Retournez au signe.) finissez par 1 jetée 3 unies, 1 rétrécie, 1 unie.

10ème Tour tout à l'envers.

11ème Tour.

1 maille unie, 1 rétrécie, 2 unies,* 1 jetée 1 rétrécie, 1 jetée 1 rétrécie, 1 jetée 3 unies, 1 jetée 1 rétrécie, 1 jetée 1 rétrécie, 1 jetée 2 unies, prenez une maille sans la tricoter, 1 rétrécie, jetez celle qui n'est pas tricotée sur celle rétrécie, 2 unies,* (Retournez au signe.) finissez par 1 jetée 2 unies, 1 rétrécie, 1 unie.

12ème Tour tout à l'envers.

13ème Tour.

1 maille unie, 1 rétrécie, 1 unie,* 1 jetée 1 rétrécie, 1 jetée 1 rétrécie, 1 jetée 5 unies, 1 jetée 1 rétrécie, 1 jetée 1 rétrécie, 1 jetée 1 unie, prenez une maille sans la tricoter, 1 rétrécie, jetez celle qui n'est pas tricotée sur celle rétrécie, 1 unie,* (Retournez au signe.) finissez par 1 jetée 1 unie, 1 rétrécie, 1 unie.

14ème Tour tout à l'envers.

15ème Tour.

1 maille unie, 1 rétrécie,* 1 jetée 1 rétrécie, 1 jetée 1 rétrécie, 1 jetée 7 unies, 1 jetée 1 rétrécie, 1 jetée 1 rétrécie, 1 jetez prenez une maille sans la tricoter, 1 rétrécie, jetez celle qui n'est pas tricotée sur celle rétrécie,* (Retournez au signe.) finissez par 1 jetée 1 rétrécie, 1 unie.

16ème Tour tout à l'envers.

le 16e tour fini il faut recommencer par le 1er

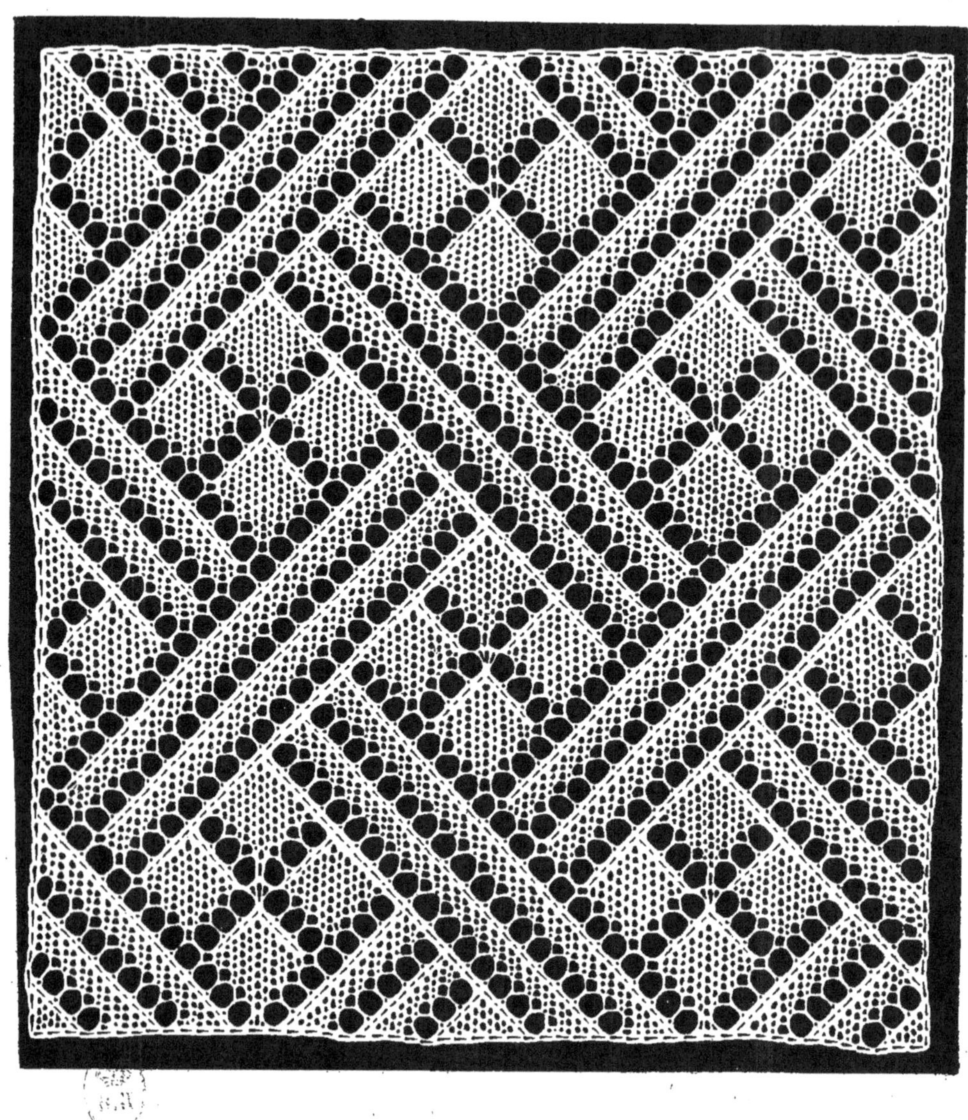

Tricot à Bâtons rompus.

Tricot à bâtons rompus.

Montez le nombre de mailles divisé par 24 et 3 de plus pour les 2 lisières.

1er Tour.

3 mailles unies,* 1 rétrécie, 1 jetée 2 unies, 1 rétrécie, 1 jetée 2 unies 1 rétrécie, 1 jetée 1 unie, 1 jetée 1 rétrécie surjetée, 2 unies, 1 jetée 1 rétrécie surjetée, 2 unies, 1 jetée 1 rétrécie surjetée, 3 unies,* (Retournez au signe.) Le dessin doit finir au dernier signe.

2ème Tour, tout à l'envers.

3ème Tour,

2 mailles unies,* 1 rétrécie, 1 jetée 2 unies, 1 rétrécie, 1 jetée 2 unies, 1 rétrécie, 1 jetée 3 unies, 1 jetée 1 rétrécie surjetée, 2 unies 1 jetée 1 rétrécie surjetée, 2 unies, 1 jetée 1 rétrécie surjetée 1 unie* (Retournez au signe.) finissez par 1 jetée 1 rétrécie surjetée 2 unies.

4ème Tour, tout à l'envers.

5ème Tour.

1 maille unie, 1 rétrécie,* 1 jetée 2 unies, 1 rétrécie, 1 jetée 2 unies 1 rétrécie, 1 jetée 5 unies, 1 jetée 1 rétrécie surjetée, 2 unies, 1 jetée 1 rétrécie surjetée, 2 unies, 1 jetée prenez une maille sans la tricoter, 1 rétrécie, jetez celle qui n'est pas tricotée sur celle rétrécie,* (Retournez au signe.) finissez par 1 jetée 1 rétrécie surjetée, 1 unie.

6ème Tour, tout à l'envers.

7ème Tour.

1 maille unie,* 1 jetée 1 rétrécie surjetée, 1 unie, 1 rétrécie, 1 jetée, 2 unies, 1 rétrécie, 1 jetée 7 unies, 1 jetée 1 rétrécie surjetée 2 unies 1 jetée 1 rétrécie surjetée, 2 unies,* (Retournez au signe.) finissez par 1 jetée, 1 rétrécie surjetée.

8ème Tour, tout à l'envers.

9ème Tour.

2 mailles unies, * 1 jetée, prenez une maille sans la tricoter, 1 rétrécie, jetez celle qui n'est pas tricotée sur celle rétrécie, 1 jetée 2 unies, 1 rétrécie, 1 jetée 1 unie, 1 jetée 1 rétrécie surjetée, 3 unies, 1 rétrécie, 1 jetée 1 unie, 1 jetée 1 rétrécie surjetée, 2 unies, 1 jetée 1 rétrécie surjetée, 2 unies * (Retournez au signe.) finissez par 1 jetée, 1 rétrécie surjetée, 3 unies.

10ème Tour, tout à l'envers.

11ème Tour.

3 mailles unies, * 1 jetée 1 rétrécie surjetée, 1 unie, 1 rétrécie, 1 jetée 3 unies, 1 jetée 1 rétrécie surjetée, 1 unie, 1 rétrécie, 1 jetée 3 unies, 1 jetée 1 rétrécie surjetée, 2 unies, 1 jetée, 1 rétrécie surjetée 2 unies * (Retournez au signe.) Le dessin doit finir au dernier signe.

12ème Tour, tout à l'envers.

13ème Tour.

4 mailles unies, * 1 jetée, prenez une maille sans la tricoter, 1 rétrécie, jetez celle qui n'est pas tricotée sur celle rétrécie, 1 jetée 5 unies, 1 jetée, prenez une maille sans la tricoter, 1 rétrécie, jetez celle qui n'est pas tricotée sur celle rétrécie 1 jetée, 5 unies, 1 jetée, 1 rétrécie surjetée, 2 unies, 1 jetée 1 rétrécie surjetée, 2 unies * (Retournez au signe.) finissez par 1 jetée 1 rétrécie surjetée, 1 unie.

14ème Tour, tout à l'envers.

15ème Tour.

1 maille unie, * 1 jetée 1 rétrécie surjetée, 2 unies, 1 jetée, prenez une maille sans la tricoter, 1 rétrécie, jetez celle qui n'est pas tricotée sur celle rétrécie, 3 unies, 1 rétrécie, 1 jetée 1 unie, 1 jetée 1 rétrécie surjetée, 4 unies, 1 jetée, 1 unie, 1 jetée 1 rétrécie surjetée, 2 unies * (Retournez au signe.) finissez par 1 jetée 1 retrecie surjetée.

16ème Tour, tout à l'envers.

17ème Tour.

2 mailles unies,* 1 jetée 1 rétrécie surjetée, 2 unies, 1 jetée 1 rétrécie surjetée, 1 unie, 1 rétrécie, 1 jetée 3 unies, 1 jetée 1 rétrécie surjetée 1 unie, 1 rétrécie, 1 jetée 3 unies, 1 jetée 1 rétrécie surjetée, 2 unies* (Retournez au signe) finissez par 1 jetée 1 rétrécie surjetée 3 unies.

18ème Tour, tout à l'envers.

19ème Tour.

3 mailles unies,* 1 jetée, 1 rétrécie surjetée, 2 unies, 1 jetée, prenez une maille sans la tricoter, 1 rétrécie, jetez celle qui n'est pas tricotée sur celle rétrécie, 1 jetée 5 unies, 1 jetée 3 mailles ensemble, 1 jetée 2 unies, 1 rétrécie, 1 jetée 1 unie, 1 jetée, 1 rétrécie surjetée, 2 unies* (Retournez au signe) finissez par 1 jetée 1 rétrécie surjetée 2 unies.

20ème Tour, tout à l'envers.

21ème Tour.

4 mailles unies,* 1 jetée 1 rétrécie surjetée, 2 unies, 1 jetée 1 rétrécie surjetée 5 unies, 1 rétrécie, 1 jetée 2 unies, 1 rétrécie, 1 jetée 3 unies, 1 jetée 1 rétrécie surjetée, 2 unies* (Retournez au signe.) finissez par 1 jetée 1 rétrécie surjetée, 1 unie.

22ème Tour, tout à l'envers.

23ème Tour.

1 maille unie,* 1 jetée 1 rétrécie surjetée, 2 unies, 1 jetée 1 rétrécie surjetée, 2 unies, 1 jetée 1 rétrécie surjetée, 3 unies, 1 rétrécie 1 jetée 2 unies, 1 rétrécie, 1 jetée 2 unies, 1 rétrécie, 1 jetée 1 unie* (Retournez au signe.) finissez par 1 jetée 3 unies.

24ème Tour, tout à l'envers.

25ème Tour.

2 mailles unies,* 1 jetée 1 rétrécie surjetée 2 unies, 1 jetée 1 rétrécie surjetée, 2 unies, 1 jetée 1 rétrécie surjetée, 1 unie, 1 rétrécie, 1 jetée

2 unies, 1 rétrécie, 1 jetée 2 unies, 1 rétrécie, 1 jetée 3 unies * (Retournez au signe) finissez par 1 jetée 4 unies.

26ème Tour, tout à l'envers.

27ème Tour.

3 mailles unies * 1 jetée 1 rétrécie surjetée, 2 unies, 1 jetée 1 rétrécie surjetée, 2 unies, 1 jetée 3 mailles ensemble, 1 jetée 2 unies, 1 rétrécie, 1 jetée 2 unies, 1 rétrécie, 1 jetée 5 unies * (Retournez au signe) finissez par 1 jetée 5 unies.

28ème Tour, tout à l'envers.

29ème Tour.

4 mailles unies * 1 jetée 1 rétrécie surjetée, 2 unies, 1 jetée, 1 rétrécie surjetée, 1 unie, 1 rétrécie, 1 jetée 2 unies, 1 rétrécie, 1 jetée 2 unies, 1 rétrécie, 1 jetée 7 unies * (Retournez au signe) finissez par 1 jetée 6 unies.

30ème Tour, tout à l'envers.

31ème Tour.

4 mailles unies * 1 jetée 1 unie, 1 jetée 1 rétrécie surjetée, 2 unies, 1 jetée 3 mailles ensemble, 1 jetée 2 unies, 1 rétrécie, 1 jetée 2 unies, 1 rétrécie, 1 jetée 1 unie, 1 jetée 1 rétrécie surjetée, 3 unies, 1 rétrécie * (Retournez au signe.) finissez par 1 jetée 1 rétrécie surjetée, 1 unie, 1 rétrécie, 1 unie.

32ème Tour, tout à l'envers.

33ème Tour.

2 mailles unies, 1 rétrécie, * 1 jetée 3 unies, 1 jetée 1 rétrécie surjetée, 1 unie, 1 rétrécie, 1 jetée 2 unies 1 rétrécie, 1 jetée 2 unies, 1 rétrécie, 1 jetée 3 unies, 1 jetée 1 rétrécie surjetée, 1 unie 1 rétrécie * (Retournez au signe) finissez par 1 jetée 1 rétrécie surjetée, 2 unies.

34ème Tour, tout à l'envers.

35ème Tour.

1 maille unie, 1 rétrécie, * 1 jetée 5 unies, 1 jetée 3 mailles ensemble,

1 jetée 2 unies, 1 rétrécie, 1 jetée 2 unies, 1 rétrécie, 1 jetée 5 unies, 1 jetée, prenez une maille sans la tricoter, 1 rétrécie, jetez celle qui n'est pas tricotée sur celle rétrécie,* (Retournez au signe.) finissez par 1 jetée 1 rétrécie, 1 unie.

36ème Tour tout à l'envers.

37ème Tour

2 mailles unies,* 1 jetée 1 rétrécie surjetée, 3 unies, 3 mailles ensemble, 1 jetée 2 unies, 1 rétrécie, 1 jetée 2 unies, 1 rétrécie, 1 jetée 1 unie, 1 jetée 4 unies, 1 rétrécie, 1 jetée 1 unie,* (Retournez au signe) finissez par 1 jetée 2 unies.

38ème Tour tout à l'envers.

39ème Tour.

3 mailles unies,* 1 jetée 1 rétrécie surjetée, 1 unie, 1 rétrécie, 1 jetée 2 unies, 1 rétrécie, 1 jetée 2 unies, 1 rétrécie, 1 jetée 3 unies, 1 jetée 1 rétrécie surjetée, 1 unie, 1 rétrécie, 1 jetée 3 unies,* (Retournez au signe.) finissez par 1 jetée 3 unies.

40ème Tour tout à l'envers.

41ème Tour.

4 mailles unies,* 1 jetée 3 mailles ensemble, 1 jetée 2 unies, 1 rétrécie, 1 jetée 2 unies, 1 rétrécie, 1 jetée 1 unie, 1 jetée 1 rétrécie surjetée, 2 unies, 1 jetée prenez une maille sans la tricoter, 1 rétrécie, jetez celle qui n'est pas tricotée sur celle rétrécie, 1 jetée 5 unies* (Retournez au signe.) finissez par 1 jetée 4 unies.

42ème Tour tout à l'envers.

43ème Tour.

4 mailles unies,* 1 rétrécie, 1 jetée 2 unies, 1 rétrécie, 1 jetée 2 unies, 1 rétrécie, 1 jetée 3 unies, 1 jetée 1 rétrécie surjetée, 2 unies, 1 jetée 1 rétrécie surjetée, 5 unies* (Retournez au signe.) finissez par 1 jetée 1 rétrécie surjetée, 4 unies.

44ème Tour tout à l'envers.

Le 44ème Tour fini, il faut recommencer par le 1er Tour.

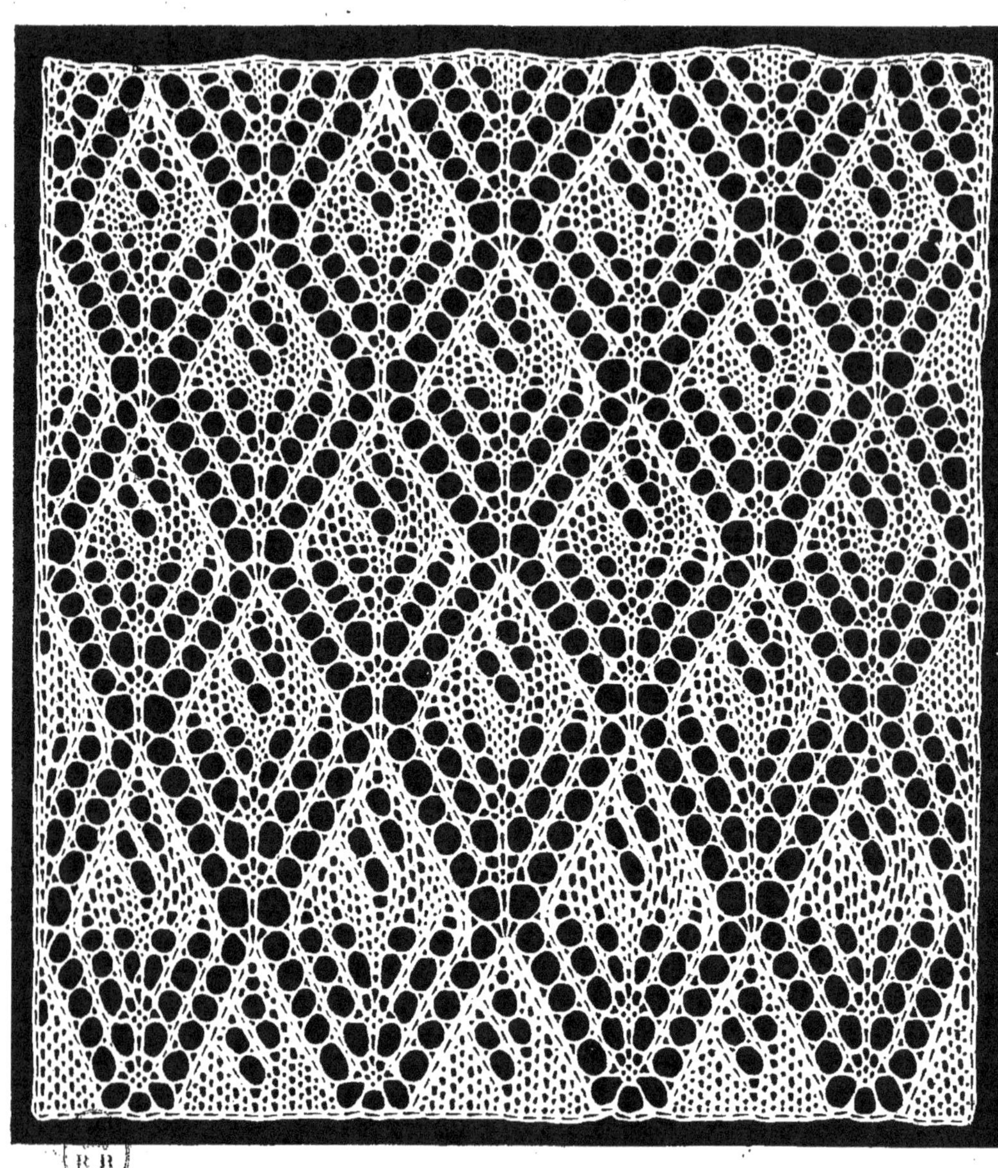

Tricot Gothique.

Tricot Gothique.

Montez le nombre de mailles divisée par 14 et 3 de plus pour les 2 lisières.

1er Tour, à l'endroit.

6 mailles unies * 1 rétrécie, 1 jetée 1 unie, 1 jetée 1 rétrécie surjetée, 9 unies * (Retournez au signe) finissez par 1 jetée, 1 rétrécie surjetée, 6 unies.

2ème Tour, tout à l'envers.

3ème Tour, à l'endroit.

5 mailles unies * 1 rétrécie, 1 jetée 3 unies, 1 jetée 1 rétrécie surjetée, 3 unies, 1 jetée 1 rétrécie, 2 unies * (Retournez au signe) finissez par 1 jetée 1 rétrécie surjetée, 5 unies.

4ème Tour, tout à l'envers.

5ème Tour, à l'endroit.

4 mailles unies * 1 rétrécie, 1 jetée, 1 rétrécie, 1 jetée 1 unie, 1 jetée 1 rétrécie surjetée, 1 jetée, 1 rétrécie surjetée, 1 unie, 1 jetée 1 rétrécie 1 jetée 1 rétrécie * (Retournez au signe) finissez par 1 jetée 1 rétrécie surjetée, 4 unies.

6ème Tour, tout à l'envers.

7ème Tour, à l'endroit.

3 mailles unies * 1 rétrécie, 1 jetée 1 rétrécie, 1 jetée 3 unies, 1 jetée 1 rétrécie surjetée, 1 jetée 1 rétrécie surjetée, 1 unie, 1 jetée 1 rétrécie * (Retournez au signe) finissez par 1 jetée 1 rétrécie surjetée, 3 unies.

8ème Tour, tout à l'envers.

9ème Tour, à l'endroit.

2 mailles unies * 1 rétrécie, 1 jetée 1 rétrécie, 1 jetée 1 rétrécie, 1 jetée 1 unie, 1 jetée 1 rétrécie surjetée, 1 jetée 1 rétrécie surjetée, 1 jetée 1 rétrécie surjetée, 1 unie * (Retournez au signe.) finissez par 1 jetée 1 rétrécie surjetée, 2 unies.

10ème Tour, tout à l'envers.

11ème Tour, à l'endroit.

1 maille unie, 1 rétrécie,* 1 jetée 1 rétrécie, 1 jetée 1 rétrécie, 1 jetée 3 unies, 1 jetée 1 rétrécie surjetée, 1 jetée 1 rétrécie surjetée, 1 jetée, prenez une maille sans la tricoter, 1 rétrécie, jetez celle qui n'est pas tricotée sur celle rétrécie* (Retournez au signe.) finissez par 1 jetée 1 rétrécie, 1 unie.

12ème Tour, tout à l'envers.

13ème Tour, à l'endroit.

2 mailles unies,* 1 jetée 1 rétrécie surjetée, 9 unies, 1 rétrécie, 1 jetée 1 unie* (Retournez au signe.) finissez par 1 jetée 2 unies.

14ème Tour, tout à l'envers.

15ème Tour, à l'endroit.

3 mailles unies,* 1 jetée 1 rétrécie surjetée, 3 unies, 1 jetée 1 rétrécie, 2 unies, 1 rétrécie, 1 jetée 3 unies* (Retournez au signe.) finissez par 1 jetée 3 unies.

16ème Tour, tout à l'envers

17ème Tour, à l'endroit.

2 mailles unies,* 1 jetée 1 rétrécie surjetée, 1 jetée 1 rétrécie surjetée, 1 unie, 1 jetée 1 rétrécie, 1 jetée 1 rétrécie, 1 rétrécie, 1 jetée 1 rétrécie, 1 jetée 1 unie* (Retournez au signe.) finissez par 1 jetée 1 rétrécie, 1 jetée 2 unies.

18ème Tour, tout à l'envers

19ème Tour, à l'endroit.

3 mailles unies,* 1 jetée 1 rétrécie surjetée, 1 jetée 1 rétrécie surjetée 1 unie, 1 jetée 1 rétrécie, 1 rétrécie, 1 jetée 1 rétrécie 1 jetée 3 unies* (Retournez au signe.) finissez par 1 jetée 1 rétrécie 1 jetée 3 unies.

20ème Tour, tout à l'envers.

21ème Tour, à l'endroit

2 mailles unies,* 1 jetée 1 rétrécie surjetée, 1 jetée 1 rétrécie surjetée, 1 jetée 1 rétrécie surjetée, 1 unie, 1 rétrécie, 1 jetée 1 rétrécie, 1 jetée

1 rétrécie, 1 jetée 1 unie* (Retournez au signe.) finissez par 1 jetée 2 unies.

22ème Tour, tout à l'envers.

23ème Tour.

3 mailles unies,* 1 jetée 1 rétrécie surjetée, 1 jetée 1 rétrécie surjetée, 1 jetée, prenez une maille sans la tricoter, 1 rétrécie, jetez la maille qui n'est pas tricotée sur celle rétrécie, 1 jetée 1 rétrécie, 1 jetée 1 rétrécie, 1 jetée 3 unies* (Retournez au signe.) finissez par 1 jetée 3 unies.

24ème Tour, tout à l'envers.

Le 24ème tour fini il faut recommencer par le 1er.

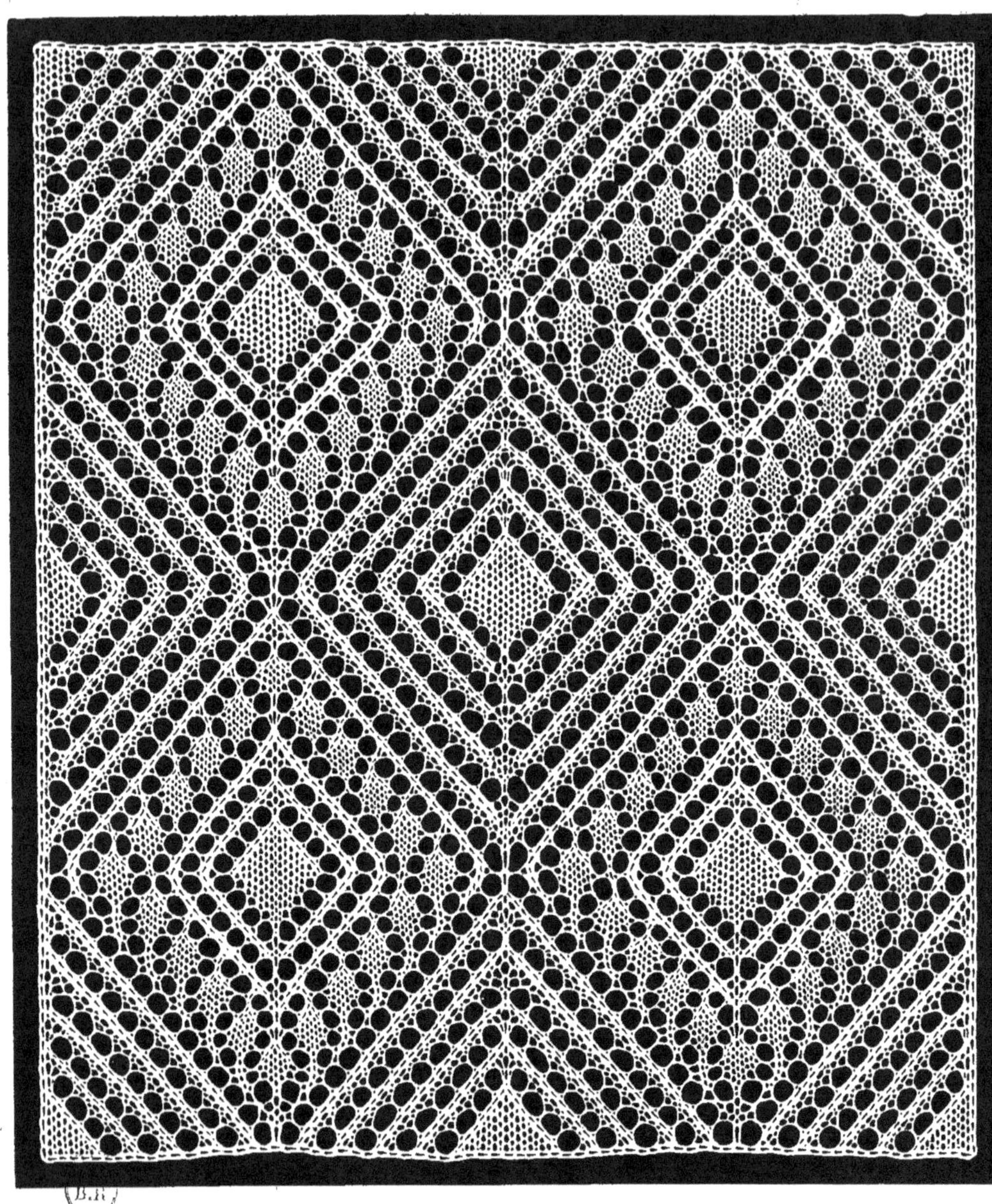

Tricot point d'Abeille.

Tricot point d'abeilles.

Montez le nombre de mailles divisé par 34 et 3 de plus pour les lisières.

1er Tour.

4 mailles unies * 1 rétrécie, 1 jetée 1 unie, 1 rétrécie, 1 jetée 1 unie, 1 rétrécie, 1 jetée 1 unie, 1 rétrécie, 1 jetée 1 unie, 1 rétrécie, 1 jetée 1 unie, 1 jetée 1 rétrécie surjetée, 1 unie, 1 jetée 1 rétrécie surjetée, 1 unie, 1 jetée 1 rétrécie surjetée, 1 unie, 1 jetée 1 rétrécie surjetée, 1 unie, 1 jetée 1 rétrécie surjetée, 5 unies * (Retournez au signe) finissez l'aiguille par 1 jetée 1 rétrécie surjetée, 4 unies.

2ème Tour tout à l'envers.

3ème Tour.

3 mailles unies * 1 rétrécie, 1 jetée 1 unie, 1 rétrécie, 1 jetée 1 unie, 1 rétrécie, 1 jetée 1 unie, 1 rétrécie, 1 jetée 1 unie, 1 rétrécie, 1 jetée 3 unies, 1 jetée 1 rétrécie surjetée, 1 unie, 1 jetée 1 rétrécie surjetée, 1 unie, 1 jetée 1 rétrécie surjetée, 1 unie, 1 jetée 1 rétrécie surjetée, 1 unie, 1 jetée 1 rétrécie surjetée, 3 unies * (Retournez au signe) le dessin doit finir au dernier signe.

4ème Tour tout à l'envers.

5ème Tour.

2 mailles unies * 1 rétrécie, 1 jetée 1 unie, 1 rétrécie, 1 jetée 1 unie, 1 rétrécie, 1 jetée 1 unie, 1 rétrécie, 1 jetée 1 unie 1 rétrécie, 1 jetée 1 rétrécie 1 jetée 1 unie, 1 jetée 1 rétrécie surjetée, 1 jetée 1 rétrécie surjetée, 1 unie, 1 jetée 1 rétrécie surjetée, 1 unie, 1 jetée 1 rétrécie surjetée, 1 unie, 1 jetée 1 rétrécie surjetée, 1 unie * (Retournez au signe) finissez par 1 jetée 1 rétrécie surjetée, 2 unies.

6ème Tour tout à l'envers.

7ème Tour.

1 maille unie, 1 rétrécie * 1 jetée 1 unie, 1 rétrécie, 1 jetée 1 unie.

1 rétrécie, 1 jetée 1 unie, 1 rétrécie, 1 jetée 1 unie 1 rétrécie, 1 jetée 1 rétrécie, 1 jetée 3 unies, 1 jetée 1 rétrécie surjetée, 1 jetée 1 rétrécie surjetée, 1 unie, 1 jetée 1 rétrécie surjetée, 1 unie, 1 jetée 1 rétrécie surjetée, 1 unie, 1 jetée 1 rétrécie surjetée, 1 unie, 1 jetée prenez une maille sans la tricoter, 1 rétrécie, jetez la maille qui n'est pas tricotée sur celle rétrécie * (Retournez au signe.) finissez par 1 jetée 1 rétrécie, 1 unie.

8ème Tour tout à l'envers.

9ème Tour.

2 mailles unies, 3 mailles ensemble * 1 jetée 1 unie, 1 rétrécie, 1 jetée 1 unie, 1 rétrécie, 1 jetée 1 unie, 1 rétrécie, 1 jetée 1 unie, 1 jetée 1 unie, 1 jetée 1 rétrécie surjetée, 1 unie, 1 rétrécie, 1 jetée 1 unie, 1 jetée 1 unie, 1 jetée 1 rétrécie surjetée, 1 unie, 1 jetée 1 rétrécie surjetée, 1 unie, 1 jetée 1 rétrécie surjetée, 1 unie, 1 jetée prenez une maille sans la tricoter, 1 rétrécie, jetez la maille qui n'est pas tricotée sur celle rétrécie, 1 unie, 3 mailles ensemble. * (Retournez au signe.) finissez par 1 jetée 3 mailles ensemble, 2 unies.

10ème Tour tout à l'envers.

11ème Tour.

1 maille unie, 1 rétrécie * 1 jetée 1 unie, 1 rétrécie, 1 jetée 1 unie, 1 rétrécie, 1 jetée 1 unie, 1 rétrécie, 1 jetée 1 rétrécie, 1 jetée 3 unies, 1 jetée prenez une maille sans la tricoter, 1 rétrécie, jetez la maille qui n'est pas tricotée sur celle rétrécie, 1 jetée 3 unies, 1 jetée 1 rétrécie surjetée, 1 jetée 1 rétrécie surjetée, 1 unie, 1 jetée 1 rétrécie surjetée, 1 unie, 1 jetée 1 rétrécie surjetée, 1 unie, 1 jetée prenez une maille sans la tricoter, 1 rétrécie, jetez la maille qui n'est pas tricotée sur celle rétrécie * (Retournez au signe.) finissez par 1 jetée 1 rétrécie 1 unie.

12ème Tour tout à l'envers.

13ème Tour.

2 mailles unies* 3 mailles ensemble, 1 jetée 1 unie, 1 rétrécie, 1 jetée 1 unie, 1 rétrécie, 1 jetée 1 unie, 1 jetée 1 unie, 1 jetée 1 rétrécie surjetée, 1 unie, 1 rétrécie, 1 jetée 1 unie, 1 jetée 1 rétrécie surjetée, 1 unie, 1 rétrécie, 1 jetée 1 unie 1 jetée 1 unie, 1 jetée 1 rétrécie surjetée, 1 unie, 1 jetée 1 rétrécie surjetée, 1 unie, 1 jetée, prenez une maille sans la tricoter, 1 rétrécie, jetez la maille qui n'est pas tricotée sur celle rétrécie, 1 unie* (Retournez au signe) finissez par 2 unies.

14ème Tour, tout à l'envers.

15ème Tour.

1 maille unie, 1 rétrécie,* 1 jetée 1 unie, 1 rétrécie, 1 jetée 1 unie, 1 rétrécie, 1 jetée 1 rétrécie, 1 jetée 3 unies, 1 jetée, prenez une maille sans la tricoter, 1 rétrécie, jetez la maille qui n'est pas tricotée sur celle rétrécie, 1 jetée 3 unies, 1 jetée, prenez une maille sans la tricoter, 1 rétrécie, jetez la maille qui n'est pas tricotée sur celle rétrécie, 1 jetée 3 unies, 1 jetée 1 rétrécie surjetée, 1 jetée 1 rétrécie surjetée, 1 unie, 1 jetée 1 rétrécie surjetée, 1 unie, 1 jetée, prenez une maille sans la tricoter, 1 rétrécie, jetez la maille qui n'est pas tricotée sur celle rétrécie* (Retournez au signe.) finissez par 1 jetée 1 rétrécie, 1 unie.

16ème Tour, tout à l'envers.

17ème Tour.

3 mailles unies* 1 rétrécie, 1 jetée 1 unie, 1 rétrécie, 1 jetée 1 unie, 1 jetée 1 unie, 1 jetée 1 rétrécie surjetée, 1 unie, 1 rétrécie, 1 jetée 3 mailles ensemble, 1 jetée 1 unie, 1 jetée, prenez une maille sans la tricoter, 1 rétrécie, jetez celle qui n'est pas tricotée sur celle rétrécie, 1 jetée 1 rétrécie surjetée, 1 unie 1 rétrécie, 1 jetée 1 unie, 1 jetée 1 unie, 1 jetée 1 rétrécie surjetée, 1 unie, 1 jetée 1 rétrécie surjetée, 3 unies* (Retournez au signe)

Le dessin finit au dernier signe.

18ème Tour, tout à l'envers.

19ème Tour.

2 mailles unies * 1 rétrécie, 1 jetée 1 unie, 1 rétrécie, 1 jetée 1 rétrécie, 1 jetée 3 unies, 1 jetée, prenez une maille sans la tricoter, 1 rétrécie, jetez celle qui n'est pas tricotée sur celle rétrécie, 1 jetée 1 rétrécie, 1 jetée 3 unies, 1 jetée 1 rétrécie surjetée, 1 jetée, prenez une maille sans la tricoter, 1 rétrécie, jetez celle qui n'est pas tricotée sur celle rétrécie, 1 jetée 3 unies, 1 jetée 1 rétrécie surjetée, 1 jetée 1 rétrécie surjetée, 1 unie 1 jetée, 1 rétrécie surjetée, 1 unie, * Retournez au signe.) finissez par 2 unies.

20ème Tour, tout à l'envers.

21ème Tour.

1 maille unie 1 rétrécie, * 1 jetée 1 unie, 1 rétrécie, 1 jetée 1 unie, 1 jetée 1 unie, 1 jetée 1 rétrécie surjetée, 1 unie, 1 rétrécie, 1 jetée 3 mailles ensemble, 1 jetée 1 rétrécie, 1 jetée 1 unie, 1 jetée 1 rétrécie surjetée, 1 jetée, prenez une maille sans la tricoter, 1 rétrécie, jetez celle qui n'est pas tricotée sur celle rétrécie, 1 jetée 1 rétrécie surjetée, 1 unie, 1 rétrécie, 1 jetée 1 unie, 1 jetée 1 unie, 1 jetée 1 rétrécie surjetée, 1 unie 1 jetée, prenez une maille sans la tricoter, 1 rétrécie, jetez celle qui n'est pas tricotée sur celle rétrécie * (Retournez au signe.) finissez par 1 jetée 1 rétrécie, 1 unie.

22ème Tour, tout à l'envers.

23ème Tour.

3 mailles unies, * 1 rétrécie, 1 jetée 1 rétrécie, 1 jetée 3 unies, 1 jetée, prenez une maille sans la tricoter, 1 rétrécie, jetez celle qui n'est pas tricotée sur celle rétrécie, 1 jetée 1 rétrécie, 1 jetée 1 rétrécie, 1 jetée 3 unies, 1 jetée 1 rétrécie surjetée, 1 jetée 1 rétrécie surjetée, 1 jetée, prenez une maille sans la tricoter, 1 rétrécie, jetez celle qui n'est pas tricotée sur celle rétrécie, 1 jetée

3 unies, 1 jetée 1 rétrécie surjetée, 1 jetée 1 rétrécie surjetée, 3 unies* (Retournez au signe.) Le dessin doit finir au dernier signe.

24ème Tour, tout à l'envers.

25ème Tour.

2 mailles unies, *1 rétrécie, 1 jetée 1 unie, 1 jetée 1 unie, 1 jetée 1 rétrécie surjetée, 1 unie, 1 rétrécie, 1 jetée 3 mailles ensemble 1 jetée 1 rétrécie, 1 jetée 5 unies, 1 jetée 1 rétrécie surjetée, 1 jetée, prenez une maille sans la tricoter, 1 rétrécie, jetez celle qui n'est pas tricotée sur celle rétrécie, 1 jetée 1 rétrécie surjetée, 1 unie, 1 rétrécie, 1 jetée 1 unie, 1 jetée 1 unie, 1 jetée 1 rétrécie surjetée, 1 unie* (Retournez au signe.) finissez par 2 unies.

26ème Tour, tout à l'envers

27ème Tour.

1 maille unie, 1 rétrécie, *1 jetée 1 rétrécie, 1 jetée 3 unies, 1 jetée, prenez une maille sans la tricoter, 1 rétrécie, jetez celle qui n'est pas tricotée sur celle rétrécie, 1 jetée 1 rétrécie, 1 jetée 1 rétrécie, 1 jetée 7 unies, 1 jetée 1 rétrécie surjetée, 1 jetée 1 rétrécie surjetée, 1 jetée, prenez une maille sans la tricoter, 1 rétrécie, jetez celle qui n'est pas tricotée sur celle rétrécie, 1 jetée 3 unies, 1 jetée 1 rétrécie surjetée, 1 jetée, prenez une maille sans la tricoter, 1 rétrécie, jetez celle qui n'est pas tricotée sur celle rétrécie* (Retournez au signe.) finissez pas 1 jetée 1 rétrécie, 1 unie.

28ème Tour, tout à l'envers.

29ème Tour.

2 mailles unies, *1 jetée 1 rétrécie, 1 jetée 1 rétrécie surjetée, 1 unie, 1 rétrécie, 1 jetée 1 unie, 1 jetée 1 rétrécie, 1 jetée 1 rétrécie, 1 jetée 1 rétrécie surjetée, 5 unies, 1 rétrécie, 1 jetée 1 rétrécie surjetée, 1 jetée 1 rétrécie surjetée, 1 jetée, 1 unie,

1 jetée 1 rétrécie surjetée, 1 unie, 1 rétrécie, 1 jetée 1 rétrécie surjetée, 1 jetée 1 unie*(Retournez au signe) finissez par 1 jetée 2 unies.

30ème Tour, tout à l'envers.

31ème Tour.

3 mailles unies*1 jetée 1 rétrécie surjetée, 1 jetée, prenez une maille sans la tricoter, 1 rétrécie, jetez celle qui n'est pas tricotée sur celle rétrécie, 1 jetée 3 unies, 1 jetée 1 rétrécie surjetée, 1 jetée 1 rétrécie surjetée, 1 jetée 1 rétrécie surjetée, 3 unies, 1 rétrécie, 1 jetée 1 rétrécie, 1 jetée 1 rétrécie, 1 jetée 3 unies, 1 jetée, prenez une maille sans la tricoter, 1 rétrécie, jetez celle qui n'est pas tricotée sur celle rétrécie, 1 jetée 1 rétrécie, 1 jetée 3 unies*(Retournez au signe) Le dessin finit au dernier signe.

32ème Tour, tout à l'envers.

33ème Tour.

4 mailles unies,*1 jetée, prenez une maille sans la tricoter, 1 rétrécie, jetez celle qui n'est pas tricotée sur celle rétrécie, 1 jetée 1 rétrécie surjetée, 2 unies, 1 jetée 1 unie, 1 jetée, 1 rétrécie surjetée, 1 jetée 1 rétrécie surjetée, 1 jetée, 1 rétrécie surjetée, 1 unie, 1 rétrécie, 1 jetée 1 rétrécie, 1 jetée 1 rétrécie 1 jetée, 1 unie, 1 jetée 2 unies, 1 rétrécie, 1 jetée, 3 mailles ensemble, 1 jetée, 5 unies*(Retournez au signe) finissez par 1 jetée 4 unies.

34ème Tour, tout à l'envers.

35ème Tour.

2 mailles unies,*1 jetée 1 rétrécie surjetée, 1 unie, 1 jetée 1 rétrécie surjetée, 1 jetée, prenez une maille sans la tricoter, 1 rétrécie, jetez celle qui n'est pas tricotée sur celle rétrécie, 1 jetée, 3 unies, 1 jetée 1 rétrécie surjetée, 1 jetée, 1 rétrécie surjetée, 1 jetée, prenez une maille sans

la tricoter, 1 rétrécie, jetez celle qui n'est pas tricotée sur celle rétrécie, 1 jetée 1 rétrécie, 1 jetée 1 rétrécie, 1 jetée 3 unies, 1 jetée prenez une maille sans la tricoter, 1 rétrécie, jetez celle qui n'est pas tricotée sur celle rétrécie, 1 jetée 1 rétrécie, 1 jetée 1 unie, 1 rétrécie, 1 jetée 1 unie*; (Retournez au signe.) finissez par 1 jetée 2 unies.

36ème Tour tout à l'envers.

37ème Tour.

3 mailles unies*; 1 jetée 1 rétrécie surjetée, 1 unie, 1 jetée prenez une maille sans la tricoter, 1 rétrécie, jetez celle qui n'est pas tricotée sur celle rétrécie, 1 jetée 1 rétrécie surjetée, 2 unies, 1 jetée 1 unie, 1 jetée 1 rétrécie surjetée, 1 jetée 1 rétrécie surjetée, 1 unie, 1 rétrécie, 1 jetée 1 rétrécie, 1 jetée 1 unie, 1 jetée 2 unies, 1 rétrécie, 1 jetée 3 mailles ensemble, 1 jetée 1 unie, 1 rétrécie, 1 jetée 3 unies*; (Retournez au signe.) le dessin finit au dernier signe.

38ème Tour tout à l'envers.

39ème Tour.

4 mailles unies*; 1 jetée 1 rétrécie surjetée, 1 unie, 1 jetée 1 rétrécie surjetée, 1 jetée prenez une maille sans la tricoter, 1 rétrécie, jetez celle qui n'est pas tricotée sur celle rétrécie, 1 jetée 3 unies, 1 jetée 1 rétrécie surjetée, 1 jetée prenez une maille sans la tricoter, 1 rétrécie, jetez celle qui n'est pas tricotée sur celle rétrécie, 1 jetée 1 rétrécie, 1 jetée 3 unies, 1 jetée prenez une maille sans la tricoter, 1 rétrécie, jetez celle qui n'est pas tricotée sur celle rétrécie, 1 jetée 1 rétrécie, 1 jetée 1 unie, 1 rétrécie, 1 jetée 5 unies*; (Retournez au signe.) finissez par 1 jetée 4 unies.

40ème Tour tout à l'envers.

41ème Tour.

2 mailles unies*; 1 jetée 1 rétrécie surjetée, 1 unie, 1 jetée

1 rétrécie surjetée, 1 unie, 1 jetée prenez une maille sans la tricoter, 1 rétrécie, jetez celle qui n'est pas tricotée sur celle rétrécie, 1 jetée 1 rétrécie surjetée, 2 unies, 1 jetée 1 unie, 1 jetée 1 rétrécie surjetée 1 unie, 1 rétrécie, 1 jetée 1 unie, 1 jetée 2 unies, 1 rétrécie, 1 jetée 3 mailles ensemble, 1 jetée 1 unie, 1 rétrécie, 1 jetée 1 unie 1 rétrécie, 1 jetée 1 unie * (Retournez au signe.) finissez par 1 jetée 2 unies.

42ème Tour tout à l'envers.

43ème Tour.

3 mailles unies * 1 jetée 1 rétrécie surjetée 1 unie, 1 jetée 1 rétrécie surjetée, 1 unie, 1 jetée 1 rétrécie surjetée, 1 jetée prenez une maille sans la tricoter, 1 rétrécie, jetez celle qui n'est pas tricotée sur celle rétrécie, 1 jetée 3 unies, 1 jetée prenez une maille sans la tricoter, 1 rétrécie, jetez celle qui n'est pas tricotée sur celle rétrécie, 1 jetée 3 unies, 1 jetée prenez une maille sans la tricoter, 1 rétrécie, jetez celle qui n'est pas tricotée sur celle rétrécie, 1 jetée 1 rétrécie, 1 jetée 1 unie, 1 rétrécie, 1 jetée 1 unie, 1 rétrécie, 1 jetée 3 unies * (Retournez au signe.) Le dessin finit au dernier signe.

44ème Tour tout à l'envers.

45ème Tour.

2 mailles unies * 1 jetée 2 unies, 1 jetée 1 rétrécie surjetée, 1 unie, 1 jetée 1 rétrécie surjetée, 1 unie, 1 jetée prenez une maille sans la tricoter, 1 rétrécie, jetez celle qui n'est pas tricotée sur celle rétrécie, 1 jetée 1 rétrécie surjetée, 1 unie, 1 rétrécie, 1 jetée 1 unie, 1 jetée 1 rétrécie surjetée, 1 unie, 1 rétrécie, 1 jetée 3 mailles ensemble, 1 jetée 1 unie, 1 rétrécie, 1 jetée 1 unie, 1 rétrécie, 1 jetée 2 unies, 1 jetée 1 unie, * (Retournez au signe.) finissez par 1 jetée 2 unies.

46ème Tour tout à l'envers.

47ème Tour.

3 mailles unies,* 1 jetée 1 rétrécie surjetée, 1 unie, 1 jetée 1 rétrécie surjetée, 1 unie, 1 jetée 1 rétrécie surjetée, 1 unie, 1 jetée 1 rétrécie surjetée, 1 jetée prenez une maille sans la tricoter, 1 rétrécie, jetez celle qui n'est pas tricotée sur celle rétrécie, 1 jetée 3 unies, 1 jetée prenez une maille sans la tricoter, 1 rétrécie, jetez celle qui n'est pas tricotée sur celle rétrécie, 1 jetée 1 rétrécie, 1 jetée 1 unie, 1 rétrécie, 1 jetée 1 unie, 1 rétrécie, 1 jetée 1 unie, 1 rétrécie, 1 jetée 3 unies.* (Retournez au signe.) Le dessin finit au dernier signe.

48ème Tour tout à l'envers.

49ème Tour.

2 mailles unies,* 1 jetée 2 unies, 1 jetée 1 rétrécie surjetée, 1 unie, 1 jetée 1 rétrécie surjetée, 1 unie, 1 jetée 1 rétrécie surjetée, 1 unie, 1 jetée prenez une maille sans la tricoter, 1 rétrécie, jetez celle qui n'est pas tricotée sur celle rétrécie, 1 jetée 1 rétrécie, surjetée, 1 unie, 1 rétrécie, 1 jetée 3 mailles ensemble, 1 jetée 1 unie, 1 rétrécie, 1 jetée 1 unie, 1 rétrécie, 1 jetée 1 unie, 1 rétrécie, 1 jetée 2 unies, 1 jetée 1 unie,* (Retournez au signe.) finissez par 1 jetée 2 unies.

50ème Tour tout à l'envers.

51ème Tour

3 mailles unies,* 1 jetée 1 rétrécie surjetée, 1 unie, 1 jetée 1 rétrécie surjetée, 1 unie, 1 jetée 1 rétrécie surjetée, 1 unie, 1 jetée 1 rétrécie surjetée, 1 jetée prenez une maille sans la tricoter, 1 rétrécie, jetez celle qui n'est pas tricotée sur celle rétrécie, 1 jetée 1 rétrécie, 1 jetée 1 unie, 1 rétrécie, 1 jetée 1 unie 1 rétrécie, 1 jetée 1 unie 1 rétrécie, 1 jetée 1 unie, 1 rétrécie, 1 jetée 3 unies.* (Retournez au signe.) Le dessin finit au dernier signe.

52ème Tour tout à l'envers.

53ème Tour.

4 mailles unies,* 1 jetée 1 rétrécie surjetée, 1 unie, 1 jetée 1 rétrécie surjetée, 1 unie, 1 jetée 1 rétrécie surjetée, 1 unie 1 jetée 1 rétrécie surjetée, 1 unie, 1 jetée 1 rétrécie surjetée, 1 unie, 1 rétrécie, 1 jetée 1 unie, 1 rétrécie, 1 jetée 1 unie 1 rétrécie, 1 jetée 1 unie 1 rétrécie, 1 jetée 1 unie, 1 rétrécie, 1 jetée 5 unies,* (Retournez au signe.) finissez par 1 jetée 4 unies.

54ème Tour tout à l'envers.

55ème Tour.

5 mailles unies,* 1 jetée 1 rétrécie surjetée, 1 unie, 1 jetée 1 rétrécie surjetée, 1 unie, 1 jetée 1 rétrécie surjetée, 1 unie, 1 jetée 1 rétrécie surjetée, 1 unie, 1 jetée prenez une maille sans la tricoter, 1 rétrécie, jetez celle qui n'est pas tricotée sur celle rétrécie, 1 jetée 1 unie, 1 rétrécie, 1 jetée 1 unie 1 rétrécie, 1 jetee 1 unie, 1 rétrécie, 1 jetée 1 unie, 1 rétrécie, 1 jetée 7 unies.* (Retournez au signe.) finissez par 1 jetée 5 unies.

56ème Tour tout à l'envers.

Le 56ème tour fini, il faut recommencer par le 1er.

N° 1.

Dentelle N° 1.

1er Tour, montez 21 mailles.

3 mailles unies, 1 jetée 1 rétrécie, 1 unie, 1 jetée 1 rétrécie 1 unie, 1 jetée 1 rétrécie 2 unies, 1 jetée 1 rétrécie, 1 jetée 1 rétrécie, 1 jetée 1 rétrécie, 1 jetée 2 unies.

2ème Tour.

1 jetée 1 rétrécie à l'envers, 11 unies, 1 jetée 1 rétrécie 1 unie, 1 jetée 1 rétrécie 1 unie, 1 jetée 1 rétrécie, 1 unie.

3ème Tour.

3 mailles unies, 1 jetée 1 rétrécie 1 unie, 1 jetée 1 rétrécie 1 unie, 1 jetée 1 rétrécie 3 unies, 1 jetée 1 rétrécie, 1 jetée 1 rétrécie, 1 jetée 1 rétrécie, 1 jetée 2 unies.

4ème Tour.

1 jetée 1 rétrécie à l'envers, 12 unies, 1 jetée, 1 rétrécie, 1 unie, 1 jetée 1 rétrécie, 1 unie, 1 jetée 1 rétrécie, 1 unie.

5ème Tour.

3 mailles unies, 1 jetée 1 rétrécie, 1 unie, 1 jetée 1 rétrécie 1 unie, 1 jetée 1 rétrécie, 4 unies, 1 jetée 1 rétrécie, 1 jetée 1 rétrécie, 1 jetée 1 rétrécie, 1 jetée 2 unies.

6ème Tour.

1 jetée 1 rétrécie à l'envers, 13 unies, 1 jetée 1 rétrécie, 1 unie. 1 jetée 1 rétrécie, 1 unie, 1 jetée 1 rétrécie, 1 unie.

7ème Tour.

3 mailles unies, 1 jetée 1 rétrécie, 1 unie, 1 jetée 1 rétrécie, 1 unie, 1 jetée 1 rétrécie, 5 unies, 1 jetée 1 rétrécie, 1 jetée 1 rétrécie, 1 jetée 1 rétrécie, 1 jetée 2 unies.

8ème Tour.

1 jetée 1 rétrécie à l'envers, 14 unies, 1 jetée 1 rétrécie, 1 unie, 1 jetée 1 rétrécie, 1 unie, 1 jetée 1 rétrécie, 1 unie.

9ème Tour.

3 mailles unies, 1 jetée 1 rétrécie, 1 unie, 1 jetée 1 rétrécie, 1 unie,

1 jetée 1 rétrécie, 1 rétrécie, 2 jetées 1 rétrécie, 2 unies, 1 jetée 1 rétrécie, 1 jetée 1 rétrécie, 1 jetée 1 rétrécie, 1 jetée 2 unies.

10ème Tour.

1 jetée 1 rétrécie à l'envers, 11 unies, 1 à l'envers, 3 unies, 1 jetée 1 rétrécie, 1 unie, 1 jetée 1 rétrécie, 1 unie, 1 jetée 1 rétrécie, 1 unie.

11ème Tour.

3 mailles unies, 1 jetée 1 rétrécie, 1 unie, 1 jetée 1 rétrécie, 1 unie, 1 jetée 1 rétrécie, 2 unies, 1 rétrécie, 2 jetées 1 rétrécie, 1 unie, 1 jetée 1 rétrécie, 1 jetée 1 rétrécie 1 jetée 1 rétrécie, 1 jetée 2 unies.

12ème Tour.

1 jetée 1 rétrécie à l'envers, 10 unies, 1 à l'envers, 5 unies, 1 jetée 1 rétrécie, 1 unie, 1 jetée 1 rétrécie, 1 unie, 1 jetée 1 rétrécie, 1 unie.

13ème Tour.

3 mailles unies, 1 jetée 1 rétrécie, 1 unie, 1 jetée 1 rétrécie, 1 unie, 1 jetée 1 rétrécie 1 rétrécie, 2 jetées 1 rétrécie, 1 unie, 1 rétrécie, 1 jetée 1 rétrécie, 1 jetée 1 rétrécie, 1 jetée 1 rétrécie, 1 jetée 1 rétrécie, 1 unie.

14ème Tour.

1 jetee 1 rétrécie à l'envers, 14 unies, 1 à l'envers, 3 unies, 1 jetée 1 rétrécie, 1 unie, 1 jetée 1 rétrécie, 1 unie, 1 jetée 1 rétrécie, 1 unie.

15ème Tour.

3 mailles unies, 1 jetée 1 rétrécie, 1 unie, 1 jetée 1 rétrécie, 1 unie 1 jetée 1 rétrécie, 4 unies, 1 rétrécie, jetée 1 rétrécie, 1 jetée 1 rétrécie, 1 jetée 1 rétrécie, 1 jetée 1 rétrécie, 1 unie.

16ème Tour.

1 jetée 1 rétrécie à l'envers, 14 unies, 1 jetée 1 rétrécie, 1 unie 1 jetée 1 rétrécie, 1 unie, 1 jetée 1 rétrécie, 1 unie.

17ème Tour.

3 mailles unies, 1 jetée 1 rétrécie, 1 unie, 1 jetée 1 rétrécie 1 unie 1 jetée 1 rétrécie, 3 unies, 1 rétrécie, 1 jetée 1 rétrécie, 1 jetée, 1 rétrécie, 1 jetée 1 rétrécie, 1 jetée 1 rétrécie, 1 unie,

18ème Tour.

1 jetée 1 rétrécie à l'envers, 13 unies, 1 jetée 1 rétrécie, 1 unie, 1 rétrécie, 1 unie, 1 jetée 1 rétrécie, 1 unie.

19ème Tour.

3 mailles unies, 1 jetée 1 rétrécie, 1 unie, 1 jetée 1 rétrécie, 1 unie 1 jetée 1 rétrécie, 2 unies, 1 rétrécie, 1 jetée 1 rétrécie, 1 jetée 1 rétrécie, 1 jetée, 1 rétrécie, 1 jetée 1 rétrécie 1 unie.

20ème Tour.

1 jetée 1 rétrécie à l'envers, 12 unies, 1 jetée 1 rétrécie, 1 unie, 1 jetée 1 rétrécie, 1 unie, 1 jetée 1 rétrécie, 1 unie.

21ème Tour.

3 mailles unies, 1 jetée 1 rétrécie, 1 unie, 1 jetée 1 rétrécie, 1 unie, 1 jetée 1 rétrécie, 1 unie, 1 rétrécie, 1 jetée 1 rétrécie, 1 jetée, 1 rétrécie, 1 jetée 1 rétrécie, 1 jetée 1 rétrécie, 1 unie.

22ème Tour.

1 jetée 1 rétrécie à l'envers, 11 unies, 1 jetée 1 rétrécie, 1 unie, 1 jetée 1 rétrécie, 1 unie, 1 jetée 1 rétrécie, 1 unie.

23ème Tour.

3 mailles unies, 1 jetée 1 rétrécie, 1 unie, 1 jetée 1 rétrécie, 1 unie, 1 jetée 1 rétrécie, 1 rétrécie, 1 jetée 1 rétrécie, 1 jetée 1 rétrécie, 1 jetée 1 rétrécie, 1 jetée 1 rétrécie, 1 unie.

24ème Tour

1 jetée 1 rétrécie à l'envers, 10 unies, 1 jetée 1 rétrécie, 1 unie, 1 jetée 1 rétrécie, 1 unie, 1 jetée 1 rétrécie, 1 unie.

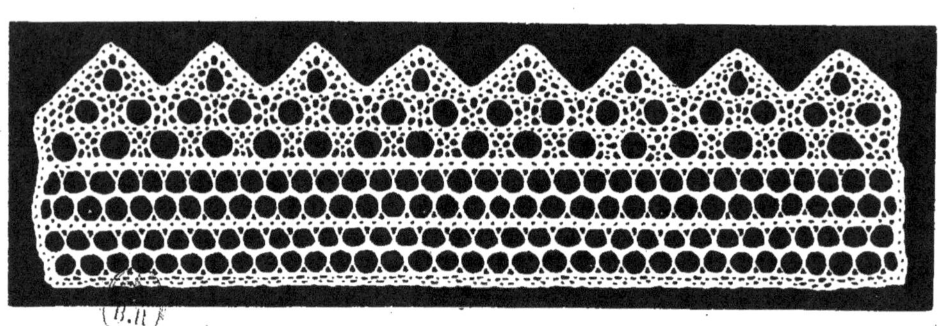

Dentelle N° 2.

Dentelle N° 2. 12 Mailles.

1er Tour.

1 maille endedans, 1 ordinaire, 2 jetées 1 rétrécie à l'envers, 1 endedans, 2 jetées 1 rétrécie à l'envers, 1 endedans, 2 jetées 1 rétrécie endedans, 2 jetées 1 endedans, 1 ordinaire.

2ème Tour.

3 mailles ordinaires, 1 à l'envers, 2 ordinaires, 1 à l'envers, 1 endedans, 2 jetées 1 rétrécie à l'envers, 1 endedans, 2 jetées 1 rétrécie à l'envers, 2 ordinaires.

3ème Tour.

1 maille endedans, 1 ordinaire, 2 jetées 1 rétrécie à l'envers, 1 endedans, 2 jetées 1 rétrécie à l'envers, 1 endedans, 7 ordinaires.

4ème Tour.

7 mailles ordinaires, 1 endedans, 2 jetées 1 rétrécie à l'envers, 1 endedans, 2 jetées 1 rétrécie à l'envers, 2 ordinaires.

5ème Tour.

1 maille endedans, 1 ordinaire, 2 jetées 1 rétrécie à l'envers, 1 endedans, 2 jetées 1 rétrécie à l'envers, 1 endedans 2 jetées 1 rétrécie endedans, 2 jetées 1 rétrécie endedans, 2 jetées 1 rétrécie endedans, 1 ordinaire.

6ème Tour.

3 mailles ordinaires, 1 à l'envers, 2 ordinaires, 1 à l'envers, 2 ordinaires, 1 à l'envers, 1 endedans, 2 jetées 1 rétrécie à l'envers, 1 endedans, 2 jetées 1 rétrécie à l'envers, 2 ordinaires.

7ème Tour.

1 maille endedans, 1 ordinaire, 2 jetées 1 rétrécie à l'envers, 1 endedans, 2 jetées 1 rétrécie à l'envers, 1 endedans, 10 ordinaires.

8ème Tour.

Rabattez 6 mailles, 3 ordinaires, 1 endedans, 2 jetées 1 rétrécie à l'envers, 1 endedans, 2 jetées 1 rétrécie à l'envers, 2 ordinaires.

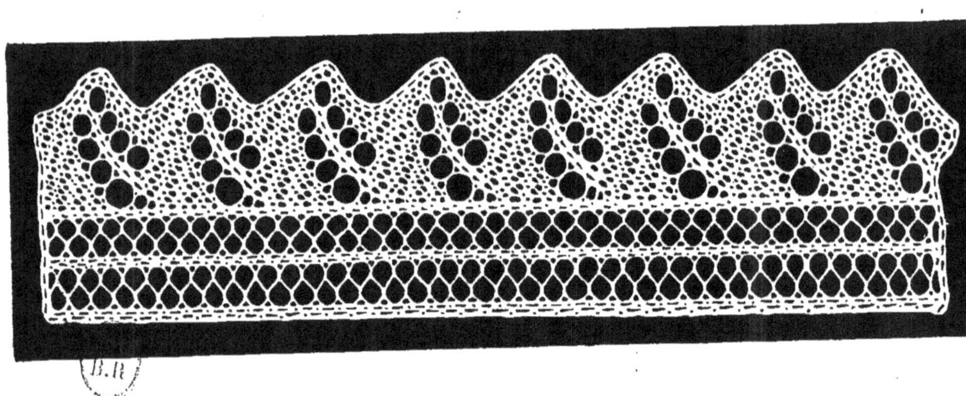

N°. 3.

Dentelle, N° 3, (13 mailles.)

1er Tour.

3 mailles unies, 1 jetée 1 rétrécie, 1 unie, 1 jetée 1 rétrécie, 2 jetées 1 rétrécie, 2 jetées 1 rétrécie, 1 unie.

2ème Tour.

3 mailles unies, 1 à l'envers, 2 unies 1 à l'envers, 2 unies, 1 jetée 1 rétrécie, 1 unie, 1 jetée 1 rétrécie, 1 unie.

3ème Tour.

3 mailles unies, 1 jetée 1 rétrécie, 1 unie, 1 jetée 1 rétrécie, 2 unies, 2 jetées 1 rétrécie, 2 jetées 1 rétrécie, 1 unie.

4ème Tour.

3 mailles unies, 1 à l'envers, 2 unies, 1 à l'envers, 4 unies, 1 jetée 1 rétrécie, 1 unie, 1 jetée 1 rétrécie, 1 unie.

5ème Tour.

3 mailles unies, 1 jetée 1 rétrécie, 1 unie, 1 jetée 1 rétrécie, 4 unies, 2 jetées 1 rétrécie, 2 jetées 1 rétrécie, 1 unie.

6ème Tour.

3 mailles unies, 1 à l'envers, 2 unies, 1 à l'envers, 6 unies, 1 jetée 1 rétrécie, 1 unie, 1 jetée 1 rétrécie, 1 unie.

7ème Tour.

3 mailles unies, 1 jetée 1 rétrécie, 1 unie, 1 jetée 1 rétrécie, 6 unies, 2 jetées 1 rétrécie, 2 jetées 1 rétrécie, 1 unie.

8ème Tour.

3 mailles unies, 1 à l'envers, 2 unies, 1 à l'envers, 8 unies, 1 jetée 1 rétrécie, 1 unie, 1 jetée 1 rétrécie, 1 unie.

9ème Tour.

3 mailles unies, 1 jetée 1 rétrécie, 1 unie, 1 jetée 1 rétrécie, 13 unies.

10ème Tour.

Rabatez 8 mailles, 6 unies, 1 jetée 1 rétrécie, 1 unie, 1 jetée 1 rétrécie, 1 unie.

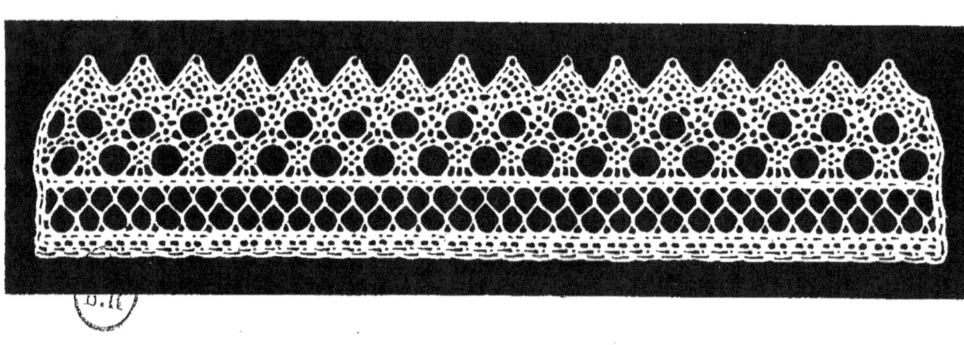

N°. 4

Dentelle N° 4. 11 Mailles.

1er Tour.

4 mailles unies, 1 jetée 1 rétrécie, 2 jetées 1 rétrécie, 2 jetées 1 rétrécie, 1 unie.

2ème Tour.

1 jetée 3 unies, 1 à l'envers, 2 unies, 1 à l'envers, 2 unies, 1 jetée 1 rétrécie, 2 unies.

3ème Tour.

4 mailles unies, 1 jetée 1 rétrécie, 8 unies.

4ème Tour.

Rabattez 3 mailles, 6 unies, 1 jetée 1 rétrécie, 2 unies.

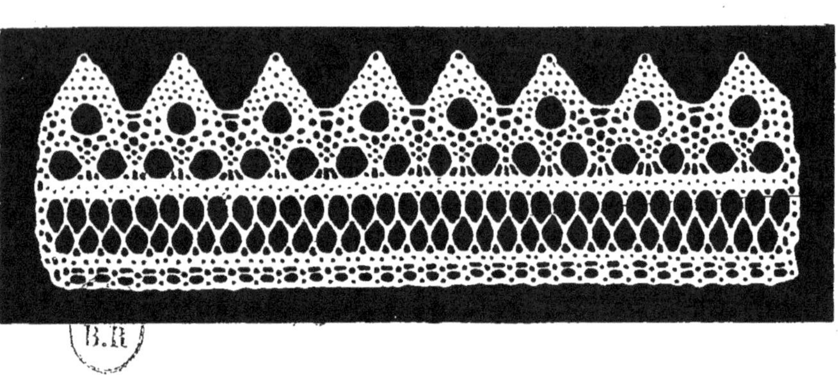

N°. 7.

Dentelle N° 7. 10 Mailles.

1re Tour.

4 mailles unies, 1 jetée 1 rétrécie, 2 jetées 1 rétrécie, 2 unies.

2ème Tour.

4 mailles unies, 1 à l'envers, 2 unies, 1 jetée 1 rétrécie, 2 unies.

3ème Tour.

4 mailles unies, 1 jetée 1 rétrécie, 5 unies.

4ème Tour.

7 mailles unies, 1 jetée 1 rétrécie, 2 unies.

5ème Tour.

4 mailles unies, 1 jetée 1 rétrécie, 2 jetées 1 rétrécie, 3 jetées 1 rétrécie, 1 unie.

6ème Tour.

3 mailles unies, 1 à l'envers, 3 unies, 1 à l'envers, 2 unies, 1 jetée 1 rétrécie, 2 unies.

7ème Tour.

4 mailles unies, 1 jetée 1 rétrécie, 8 unies.

8ème Tour.

Rabattez 4 mailles, 5 unies, 1 jetée 1 rétrécie, 2 unies.

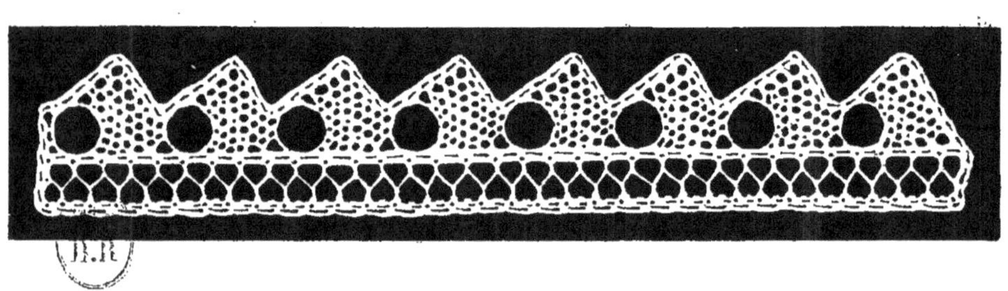

N°. 6.

Dentelle N° 6, 5 Mailles.

1er Tour.

2 mailles unies, 1 jetée 1 rétrécie, 4 jetées 1 unie.

2ème Tour.

2 mailles unies, 1 à l'envers, 1 unie, 1 à l'envers, 1 unie, 1 jetée 1 rétrécie, 1 unie.

3ème Tour.

2 mailles unies, 1 jetée 1 rétrécie, 5 unies.

4ème Tour.

6 mailles unies, 1 jetée 1 rétrécie, 1 unie.

5ème Tour.

2 mailles unies, 1 jetée 1 rétrécie, 5 unies.

6ème Tour.

6 mailles unies, 1 jetée 1 rétrécie, 1 unie.

7ème Tour.

2 mailles unies, 1 jetée 1 rétrécie, 5 unies.

8ème Tour.

Rabattez 4 mailles, 1 unie, 1 jetée 1 rétrécie, 1 unie.

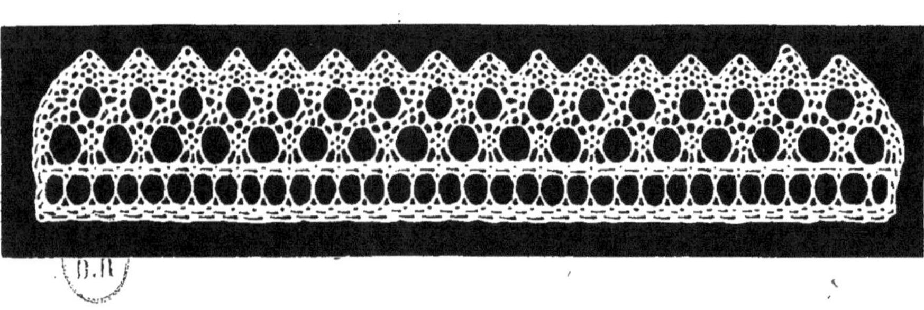

N°. 5.

Dentelle N° 5. 8 Mailles.

1er Tour.

3 mailles unies, 1 endedans, 2 jetées 1 rétrécie, 2 jetées 1 rétrécie.

2ème Tour.

1 jetée 2 unies, 1 à l'envers, 2 unies, 1 à l'envers, 1 endedans, 1 jetée 1 rétrécie, 1 unie.

3ème Tour.

7 mailles unies, 1 endedans, 3 unies.

4ème Tour.

Rabattez 3 mailles, 3 unies 1 endedans, 1 jetée 1 rétrécie, 1 unie.

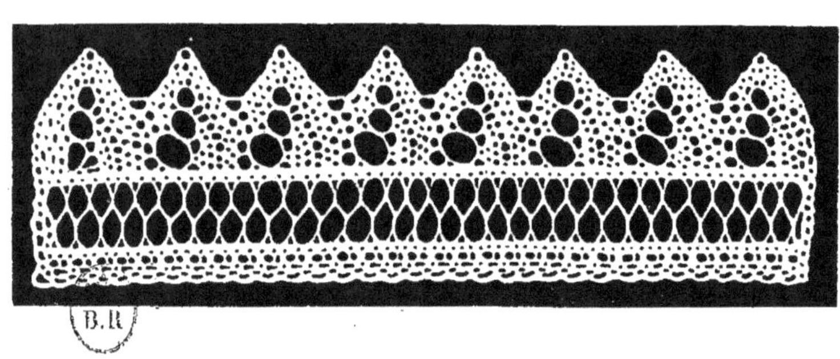

N.° 8.

Dentelle N° 8, 9 Mailles.

1er Tour.

4 mailles unies, 1 jetée 1 rétrécie, 2 jetées, 3 unies.

2ème Tour

4 mailles unies, 1 à l'envers, 2 unies, 1 jetée 1 rétrécie, 2 unies.

3ème Tour.

4 mailles unies, 1 jetée 1 rétrécie, 2 unies, 2 jetées 1 rétrécie, 1 unie.

4ème Tour.

3 mailles unies, 1 à l'envers, 4 unies, 1 jetée 1 rétrécie, 2 unies.

5ème Tour.

4 mailles unies, 1 jetée 1 rétrécie, 4 unies, 2 jetées, 2 unies,

6ème Tour.

3 mailles unies, 1 à l'envers, 6 unies, 1 jetée 1 rétrécie, 2 unies.

7ème Tour.

4 mailles unies, 1 jetée 1 rétrécie 8 unies.

8ème Tour.

Rabattez 5 mailles, 4 unies, 1 jetée 1 rétrécie, 2 unies.

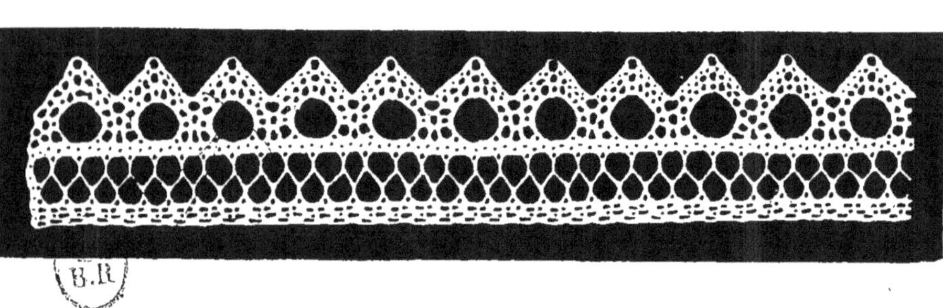

N°. 9.

Dentelle N.° 9, 7 Mailles.

1.er Tour.

3 mailles unies, 1 jetée 1 rétrécie, 3 jetées 2 unies

2.ème Tour.

3 mailles unies, 2 en dedans dans la bride, 2 unies 1 jetée 1 rétrécie, 1 unie.

3.ème Tour.

3 mailles unies, 1 jetée 1 rétrécie, 5 unies.

4.ème Tour.

7 mailles unies, 1 jetée 1 rétrécie, 1 unie.

5.ème Tour.

3 mailles unies, 1 jetée, 1 rétrécie, 1 unie, puis rabattez 3 mailles pour former la dent, en commençant par la dernière maille qui est sur l'aiguille de gauche, 1 unie.

6.ème Tour.

4 mailles unies, 1 jetée 1 rétrécie, 1 unie.

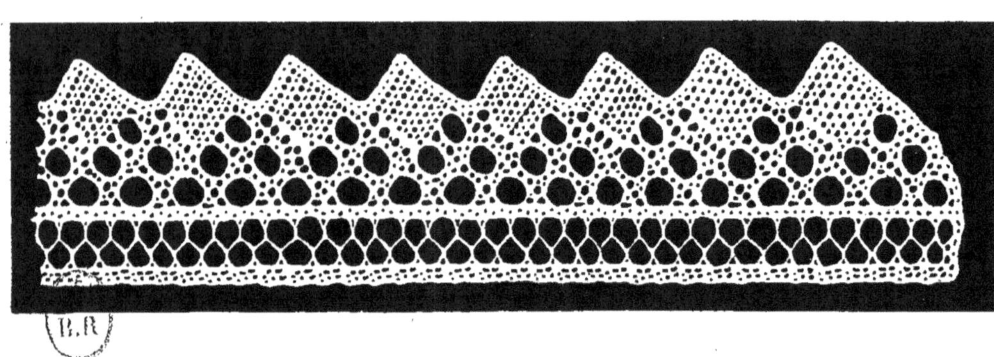

N°. 10.

Dentelle N° 10. 12 Mailles.

1er Tour.

3 mailles unies, 1 jetée 1 rétrécie, 2 jetées 1 rétrécie, 2 jetées 5 unies.

2ème Tour.

6 mailles à l'envers, 3 unies, 3 à l'envers, laissez le fil sur l'aiguille, 1 rétrécie, 1 unie.

3ème Tour.

3 mailles unies, 1 jetée 1 rétrécie, 10 unies.

4ème Tour.

5 mailles à l'envers, 5 unies, 2 à l'envers, laissez le fil sur l'aiguille, 1 rétrécie, 1 unie.

5ème Tour.

3 mailles unies, 1 jetée 1 rétrécie, 2 jetées 1 rétrécie, 2 jetées 1 rétrécie, 2 jetées 1 rétrécie, 4 unies.

6ème Tour.

6 mailles à l'envers, 3 unies, 1 à l'envers, 2 unies, 3 à l'envers, laissez le fil sur l'aiguille, 1 rétrécie, 1 unie.

7ème Tour.

3 mailles unies, 1 jetée 1 rétrécie, 13 unies.

8ème Tour.

Rabattez 6 mailles, 6 unies, 2 à l'envers, laissez le fil sur l'aiguille, 1 rétrécie, 1 unie.

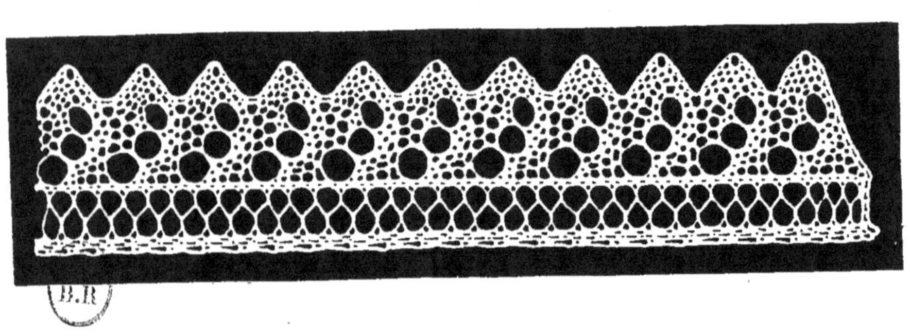

N.° 11.

Dentelle N° 11. 10 Mailles.

1er Tour.

3 mailles unies, 1 jetée 1 rétrécie, 1 rétrécie, 2 jetées 3 unies.

2ème Tour.

4 mailles unies, 1 à l'envers, 1 à l'envers, 1 unie, 2 à l'envers, laissez le fil sur l'aiguille, 1 rétrécie, 1 unie.

3ème Tour.

3 mailles unies, 1 jetée 1 rétrécie, 1 unie, 1 rétrécie, 2 jetées 3 unies.

4ème Tour.

4 mailles unies, 1 à l'envers, 2 unies, 2 à l'envers, laissez le fil sur l'aiguille, 1 rétrécie, 1 unie.

5ème Tour.

3 mailles unies, 1 jetée 1 rétrécie, 2 jetées 7 unies.

6ème Tour.

Rabattez 4 mailles, 3 unies, 3 à l'envers, laissez le fil sur l'aiguille, 1 rétrécie, 1 unie.

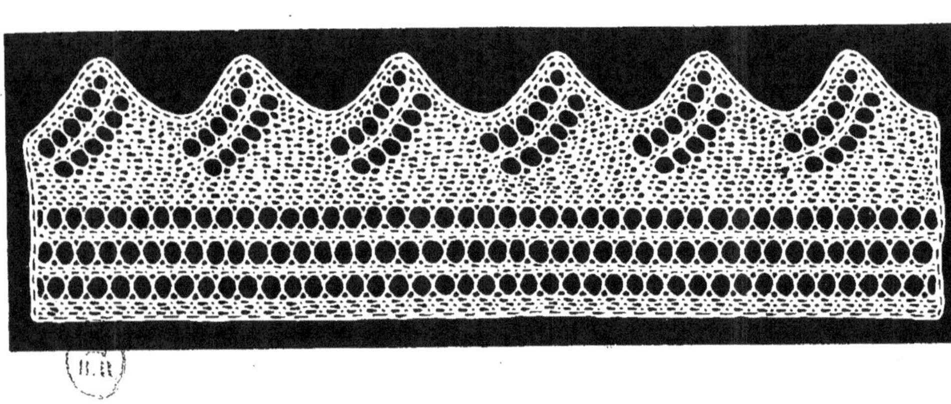

N°. 12.

Dentelle N° 12, 15 Mailles.

1er Tour.

1 maille unie, 1 rétrécie, 1 jetée 1 rétrécie, 1 jetée 1 rétrécie, 1 jetée 4 unies, 1 jetée 1 unie, 1 jetée 1 rétrécie, 1 unie.

2ème Tour.

3 mailles unies, 1 à l'envers, 5 unies, 1 à l'envers, 1 unie, 1 à l'envers, 1 unie, 1 à l'envers, 2 unies.

3ème Tour.

1 maille unie, 1 rétrécie, 1 jetée 1 rétrécie, 1 jetée 1 rétrécie, 1 jetée 5 unies, 1 jetée 1 unie, 1 jetée 1 rétrécie, 1 unie.

4ème Tour.

3 mailles unies, 1 à l'envers, 6 unies, 1 à l'envers, 1 unie, 1 à l'envers, 1 unie, 1 à l'envers, 2 unies

5ème Tour.

1 maille unie, 1 rétrécie, 1 jetée 1 rétrécie, 1 jetée 1 rétrécie, 1 jetée 6 unies, 1 jetée 1 unie, 1 jetée 1 rétrécie, 1 unie.

6ème Tour.

3 mailles unies, 1 à l'envers, 7 unies, 1 à l'envers, 1 unie, 1 à l'envers, 1 unie, 1 à l'envers, 2 unies.

7ème Tour.

1 maille unie, 1 rétrécie, 1 jetée 1 rétrécie, 1 jetée 1 rétrécie, 1 jetée 7 unies, 1 jetée 1 unie, 1 jetée 1 rétrécie, 1 unie.

8ème Tour.

3 mailles unies, 1 à l'envers, 8 unies, 1 à l'envers, 1 unie, 1 à l'envers, 1 unie, 1 à l'envers, 2 unies.

9ème Tour.

1 maille unie, 1 rétrécie, 1 jetée 1 rétrécie, 1 jetée 1 rétrécie, 1 jetée 8 unies, 1 jetée 1 unie, 1 jetée 1 rétrécie, 1 unie.

10ème Tour.

3 mailles unies, 1 à l'envers, 9 unies, 1 à l'envers, 1 unie, 1 à l'envers, 1 unie, 1 à l'envers, 2 unies.

11ème Tour.

1 maille unie, 1 rétrécie, 1 jetée 1 rétrécie, 1 jetée 1 rétrécie, 1 jetée 13 unies.

12ème Tour

Rabattez 5 mailles, 7 unies, 1 à l'envers, 1 unie, 1 à l'envers, 1 unie, 1 à l'envers, 2 unies.

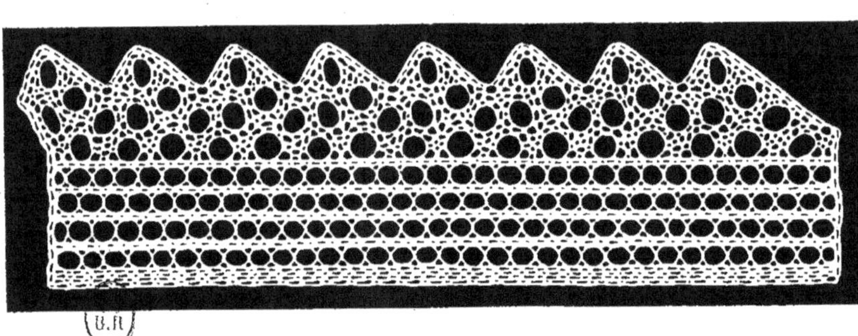

N° 13.

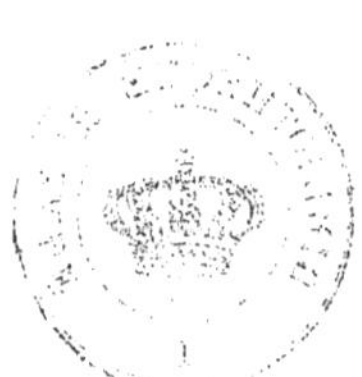

Dentelle N.° 13. 16 Mailles.

1.er Tour.

3 mailles unies, 1 jetée 1 rétrécie, 1 jetée 1 rétrécie, 1 jetée 1 rétrécie, 1 jetée 1 rétrécie, 3 jetées 1 rétrécie, 3 jetées 1 rétrécie, 1 unie.

2.ème Tour.

3 mailles unies, 1 à l'envers, 2 unies, 1 à l'envers, 2 unies, 1 à l'envers, 1 unie, 1 à l'envers, 1 unie, 1 à l'envers, 1 unie, 1 à l'envers, 3 unies.

3.ème Tour.

3 mailles unies, 1 jetée 1 rétrécie, 1 jetée 1 rétrécie, 1 jetée 1 rétrécie, 1 jetée 1 rétrécie, 9 unies.

4.ème Tour

10 mailles unies, 1 à l'envers, 1 unie, 1 à l'envers, 1 unie, 1 à l'envers, 1 unie, 1 à l'envers, 3 unies.

5.ème Tour

3 mailles unies, 1 jetée 1 rétrécie, 1 jetée 1 rétrécie, 1 jetée 1 rétrécie, 1 jetée 1 rétrécie, 2 jetées 1 rétrécie, 2 jetées 1 rétrécie, 2 jetées 1 rétrécie, 2 jetées 1 rétrécie, 1 unie.

6.ème Tour.

3 mailles unies, 1 à l'envers, 2 unies, 1 à l'envers, 2 unies, 1 à l'envers, 2 unies, 1 à l'envers, 1 unie, 1 à l'envers, 1 unie, 1 à l'envers, 1 unie, 1 à l'envers, 1 unie, 1 à l'envers, 3 unies.

7.ème Tour.

3 mailles unies, 1 jetée 1 rétrécie, 1 jetée 1 rétrécie, 1 jetée 1 rétrécie, 1 jetée 1 rétrécie, 13 unies.

8.ème Tour.

Rabattez 8 mailles, 5 unies, 1 à l'envers, 1 unie, 1 à l'envers 1 unie, 1 à l'envers, 1 unie, 1 à l'envers, 3 unies.

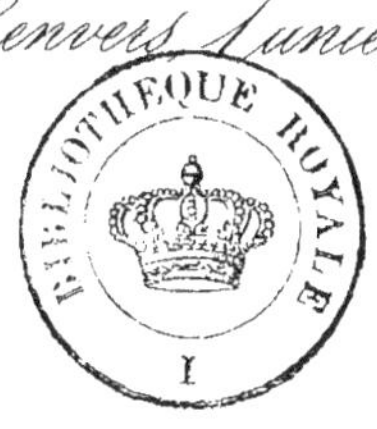

www.ingramcontent.com/pod-product-compliance
Lightning Source LLC
Chambersburg PA
CBHW070954240526
45469CB00016B/877

9782012733121